Johanna Maria Schwidergall

Sommerbriefe

Vom Innehalten und Weitergehn

Bibliografische Information der Deutschen Nationalbibliothek:
Die Deutsche Nationalbibliothek verzeichnet diese Publikation in der Deutschen Nationalbibliografie; detaillierte Bibliografische Daten sind im Internet über dnb.dnb.de abrufbar.

© 2023 Johanna Maria Schwidergall
Herstellung und Verlag:
BoD – Books on Demand, Norderstedt
ISBN: 978-3-7557-3643-1

Geh eine Meile, einen Kranken zu
besuchen; zwei, um Frieden zwischen
zwei Menschen zu stiften und drei, um
einen Freund zu treffen (Aus Arabien)

Gewidmet meiner besten Freundin
U. F.
für fünfzig Jahre Freundschaft

Prolog

Gerade, als ich mit dem Frühstück fertig war und den Tisch abräumte, klingelte es an der Tür.

Das war ungewöhnlich – ich bekomme selten Besuch, schon gar nicht am frühen Vormittag und ohne Anmeldung. Gespannt drückte ich den Türöffner und ging ins Treppenhaus.

Eine etwa vierzigjährige, dunkelhaarige Frau kam mit Leichtigkeit die Treppen herauf und stand kurz darauf vor mir. Es brauchte einen Augenblick, bis ich sie erkannte. Es war Claudine, die Tochter meiner verstorbenen besten Freundin Uta.

Ich hatte sie schon einige Jahre nicht mehr gesehen und auch keinen Kontakt zu ihr, sodass mich ihr plötzliches Erscheinen ziemlich verwunderte.

„Guten Morgen, Maria, entschuldige bitte den Überfall, aber ich war gerade in der Nähe und wollte dir deshalb persönlich etwas vorbeibringen!"

Ich bat Claudine in die Wohnung, bot ihr einen Stuhl an und betrachtete sie ausgiebig. Aus dem aufmüpfigen Teenager, der sich immer irgendwie zu dick fühlte, war eine hübsche Frau geworden, die mir gelassen und mit sich im Reinen erschien.

Was hatte sie mir wohl zu geben?

„Mama ist ja jetzt schon einige Jahre tot. Wir haben damals ihre Wohnung ausgeräumt, wie du ja weißt. Dabei fiel uns ein kleines Kästchen in die Hände, das ich mitnahm, ohne genau nachzusehen, was darin ist. Irgendwann, wenn wieder Normalität in unserem Leben herrscht, wollte ich das tun. Du weißt ja, dass Mama ganz plötzlich und unerwartet verstarb. Mein Bruder und ich mussten uns mit allem so beeilen und waren völlig überfordert".

Nach einem Schluck Kaffee sprach sie weiter: „Das Kästchen blieb bei mir in der Ecke eines Schrankes, den ich nur selten öffne, und ich dachte nicht mehr daran. Bis vergangene Woche…" Claudine holte tief Luft und übergab mir eine bunte Blechdose, in der wohl einst Lebkuchen waren.

„Wir machen aus dem Gästezimmer, in dem der Schrank stand, gerade ein Kinderzimmer für unsere fünfjährige Tochter. Deshalb haben wir alles ausgeräumt, auch den Schrank, der nun sein verstecktes Geheimnis preisgab. Mach es auf!" forderte sie mich auf.

Gespannt, aber auch etwas beklommen, öffnete ich den Deckel – und sah eine Menge Briefe, zusammengehalten von einem violetten Band. Auf dem obersten Umschlag erkannte ich Utas Adresse, geschrieben von meiner Hand. Schnell blätterte ich sie durch: Überall ihr Name in meiner Schrift!

„Meine Hochsommer-Briefe", sagte ich mit belegter Stimme, „mein Gott, Sommer 1995!"

„Ja, Maria, das sind die Briefe, die du Mama einen Sommer lang schriebst. Sie hat sie aufbewahrt, also haben sie ihr etwas bedeutet, so wie du von großer Bedeutung für ihr Leben warst. Deshalb gebe ich sie dir zurück zum Andenken an meine Mutter, die fast genau fünfzig Jahre lang deine beste Freundin war."

Als Claudine sich schon längst verabschiedet hatte und gegangen war, stand ich noch immer ziemlich verwirrt da mit den Briefen in der Hand.

Ich erinnere mich genau: Im Sommer 1995 schrieb ich jeden Abend auf meiner damaligen Terrasse einen Brief an Uta, ließ sie dadurch teilhaben an meinem Leben, meinen Gedanken, besprach meine und ihre Sorgen und machte Vorschläge, was wir noch alles unternehmen könnten in unserem Leben. Wir waren achtundvierzig Jahre alt und standen mitten drin!

Nun bin ich fünfundsiebzig und halte einen Gruß aus längst vergangener Zeit in meinen Händen. Wohin damit? Lesen? Oder auch in einem Schrank verstecken, bis meine Kinder dereinst meine Wohnung auflösen?

Unschlüssig, ja direkt ängstlich, hielt ich noch immer die bunte Schachtel in meinen Händen und war einen Augenblick lang im zeitlosen Raum, in dem mich ein Hauch von „Nonchalance" - Utas Parfüm zeitlebens - umwehte und eine leise Stimme raunte: „Mach was draus, mein Mädchen!"

Mein Mädchen – so nannte sie mich oft und gern.

Noch immer sitze ich am Tisch und traue mich nicht, die Briefe zu lesen. Etwas so Emotionales kann man nicht am helllichten Tag beginnen, so zwischen Frühstück und Mittag. Da muss auch das Drumherum stimmen, die Atmosphäre sozusagen.

Deshalb beschließe ich, bis zum Abend damit zu warten.

Immer wieder geht mir der Satz „mach was draus" durch den Kopf, auch beim Bügeln, das für diesen Tag ansteht.

Bei dieser Arbeit konnte ich schon immer am besten nachdenken. Entgegen dem Trend meiner Freundinnen, Musik dabei zu hören oder den Fernseher anzumachen, liebe ich es, wenn es um mich still ist bei dieser Tätigkeit.

Ich denke an Uta und die fast fünfzig Jahre, in denen wir beste Freundinnen waren, oft zwar mit unterschiedlichen Meinungen, aber im Denken und Handeln ähnlich. Ich tauche ein in die Vergangenheit wie schon lange nicht mehr und Uta ist mir sehr nahe, das spüre ich. „Was wünschst du dir, was soll ich mit den Briefen und somit deiner und meiner Vergangenheit machen?" Nicht lesen geht nicht, nur lesen erscheint mir zu wenig. Da, so ganz allmählich, tauchen Ideen in meinem Kopf auf, noch nicht greifbar, aber mir keine Ruhe lassend. Für und Wider stehen sich gegenüber, und als mein Bügelkorb leer ist, hat ein Plan in meinem Kopf Gestalt angenommen, von dem ich glaube, dass er der Richtige ist. Ein weiterer Hauch von Nonchalance scheint meinen Gedanken Recht zu geben.

Nach einer zugegebenermaßen etwas unruhigen Nacht und der ersten Tasse Tee am Morgen fühlt sich meine Idee vom Vortag so richtig gut an.

Ich habe beschlossen, die Briefe zu lesen und zu jedem einen neuen Text zu verfassen, der beschreibt, was aus unseren Plänen, Sorgen, Hoffnungen und Träumen geworden ist im Laufe der fast dreißig Jahre. Dabei ist mir klar, dass ich hier im Mittelpunkt stehen werde, weil Uta ja schon etliche Jahre nicht mehr lebt. Die Briefe werden also hauptsächlich mir zeigen, was ich in meinem Leben richtig oder falsch gemacht habe, was ich vielleicht versäumte oder was ich eventuell sogar noch nachholen kann.

Sie werden mich mit mir selbst in Verbindung bringen, und ich werde – im besten Fall – schon Lehren daraus gezogen haben und im schlechtesten Fall noch welche daraus ziehen. Soviel weiß ich bereits. Ich bin bereit, mich mit mir auseinander zu setzen.

Ich brenne förmlich darauf, während der Lektüre und ihrer „Analyse" nochmals die junge Frau von damals zu sein, die tatsächlich noch viele Jahre vor sich hat und die nun ihr Leben aus der Sicht eines Dreivierteljahrhunderts betrachtet und sich mit ihm an manchen Stellen auch versöhnt.

Ich freue mich sehr auf diese spannende Aufgabe!

Und so beginne ich mit dem ersten Brief.

29. Juni 1995

Liebe Uta,

das soll der erste von vielen Briefen sein, die ich dir im Laufe dieses Sommers schreiben werde! Ich möchte dadurch mit dir eintauchen in das Heute, das Morgen und das Gestern; möchte dir meine Gedanken mitteilen zu allen Bereichen des Lebens – Natur, Liebe, Alter, Tod, – möchte dich ganz eng teilhaben lassen an mir und dem, was war, was ist und was vielleicht einmal sein wird. Es soll eine Reise werden – der Beginn ist heute, am 29. Juni 1995, das Ziel ist noch offen. So offen, wie ich bin für alle Gedanken und Eindrücke, die mir einfallen; so offen, wie du sein musst, um mich zu begleiten.

Lass uns versuchen, unser bisheriges Leben nochmals aufzurollen, zu fühlen, was darin gut war, was es an Großem gab und auch nicht beschämt zu sein über unser Kleinsein, unser Versagen, über unser „Wollen aber nicht Können".

Du, meine Freundin seit über drei Jahrzehnten, lass dir in die Augen schauen, reich mir deine Hände und komm mit mir auf einen Spaziergang zu unserem wahren Wesen. Lass es uns finden – das, was ganz tief in uns ist, was uns beherrscht, was unser Sein ausmacht. Bist du bereit? Dann komm einfach mit!

Deine Maria

30. Juni 1995

Liebe Uta,
ich schreibe dir in wunderschöner Umgebung und Atmosphäre. Ein heißer Sommertag neigt sich dem Abend zu. Eben schlägt es neun Uhr, zuerst vom Nachbardorf, und jetzt läutet auch unsere große, kräftige Glocke vom nahen Kirchturm und verkündet die Zeit. Es ist noch sehr hell, Mittsommer ist ja auch erst eine Woche vorbei.

Wie liebe ich diese Abende! Ich könnte mich berauschen an der lauen Luft, am verschlafenen Gezwitscher der Vögel und am Duft, der über allem liegt.

Ob ich den Juni so liebe, weil dies mein Geburtsmonat ist? Ich bilde es mir ein und schrieb auch mal ein Gedicht darüber. Du findest es anschließend.

„... weil ich ein Kind des Sommers bin!" – also bin ich nun achtundvierzig Sommer alt. Das klingt doch wesentlich hübscher als zu sagen „ich bin achtundvierzig Jahre". Achtundvierzig Sommer – da waren die Sommer meiner Kindheit, der Duft der Nelken im Garten der Nachbarin, die immer genau zu meinem Geburtstag blühten und von denen ich ein Sträußchen bekam. Die frühen Sommermorgen, an denen Papa zusammen mit anderen Arbeitern schon um vier Uhr morgens loszog, die Sensen auf dem Rücken, um das Gras zu mähen, das später als Heu eingebracht wurde.

Ich spüre in meinem Mund noch immer den Geschmack des Schwarztees, verfeinert mit Zitrone und etwas Zucker, den Mama literweise aufbrühte und ins kalte Wasser zum Abkühlen stellte. Und ich sehe mich selbst,

13

lang ausgestreckt im hohen Gras liegend, umgeben von tausenden von Sommerblumen, in den Himmel schauend und darauf hoffend, dass einmal, irgendwann einmal, sich Gottes Antlitz aus dem tiefen, wolkenlosen Blau hervorschiebt. Ich würde ihn sehen – irgendwann, wenn ich nur lange genug danach Ausschau hielte!

Kannst du dir vorstellen, liebe Uta, dass ich auch heute noch diesen Gedanken habe und mich überhaupt nicht dafür schäme?

Ich lag zwar schon eine Ewigkeit nicht mehr in einer Wiese, es blühen auch leider keine tausend Blumen mehr darauf, aber Gottes Gesicht wird sicher einmal aus dem blauen, blauen Himmel hervorlugen, mir zulächeln und sagen: „Gut, dass du so geduldig gewartet hast!"

Ein altes, großes Kind steckt halt immer noch in mir (und dir?).

Deine Maria

Juni

Ich liebe den Juni mit seinem Duft,
liebe die linde, warme Luft,
liebe die lauen Sommernächte –
o dass es doch länger so bleiben möchte!

Wiesen stehen in bunter Pracht,
tausend Blumen, erblüht über Nacht.
Morgenkühle und glänzender Tau,
Sonnenschein und der Himmel so blau!

Hoch hinauf die Lerchen steigen,
Vögeln zwitschern, Grillen geigen,
flimmernde Hitze über dem Land.
Noch ist von der Sonne nichts verbrannt.

Der Geruch von Heu liegt überm Tal.
Bienen summen ohne Zahl.
Schmetterlinge in buntem Kleid –
all das gehört zur Juni-Zeit!

Könnte ich sie doch halten, diese Zeit!
Herz und Seele sind sommerbereit.
Ginge der Juni doch nur langsam dahin,
weil ich ein Kind des Sommers bin!

Juli 2022

Selbst heute noch, so viele Jahre danach, kann ich aus der Erinnerung all das abrufen, was ich damals fühlte.

Es war schön, nach einem Arbeitstag und der erledigten Hausarbeit Zeit für mich selbst zu haben und diese auf der Dachterrasse ausleben zu können. So kam ich auf die Idee, Uta sozusagen „mit aufs Dach" zu nehmen und sie ein bisschen Anteil an meinem Leben haben zu lassen. Sie hatte den aufreibenderen Job von uns beiden als Chefsekretärin in einer namhaften Fabrik. Außerdem war sie von einem nahezu unbändigen Ehrgeiz besessen und der Angst, jemand anderer könnte ihr den Platz streitig machen.

Ich selbst habe nur zu achtzig Prozent gearbeitet, hatte aber noch einige Ehrenämter, an denen ich sehr hing.

Mit Abstand betrachtet, weiß ich, dass es genau so richtig war, wie es war. Ja, ich hätte heute mehr Rente, hätte ich Vollzeit gearbeitet. Das macht mir nichts aus. Allerdings: Hätte ich gewusst, dass ich ab meinem achtundfünfzigsten Lebensjahr eine geschiedene Frau bin, hätte ich vielleicht besser vorgesorgt. Vielleicht.

Doch mir war schon immer wichtig, mich selbst nicht aus den Augen zu verlieren. Das ist heute noch so.

1.Juli 1995

Liebste Uta,

wenn ich an frühere Sommer zurückdenke, mich danach fast zurücksehne, muss ich sagen, dann merke ich, dass ich mit „Sommer" viel Positives, Gutes, assoziiere. Ich empfinde die Wärme, ja selbst große Hitze, als angenehm; ich liebe die Sonne auf meiner Haut und vor allem den Wind, den Sommerwind.

Ist es sein streicheln auf meinem Körper, in meinem Haar, das mir solch sinnliche Gefühle vermittelt? Ich glaube, es ist die Sehnsucht nach streichelnden, zärtlichen Händen, die meinen Kopf umfassen, mein Haar im Nacken anheben und es seitwärts aus dem Gesicht streichen, damit es unverhüllt, ungeschützt vor demjenigen liegt, der mir diese Zärtlichkeit schenkt. Noch weiter streicht er die Haare zurück, die mir widerspenstig über die Augen gefallen sind, um darin einzutauchen, mich anzusehen mit Blicken, die Liebe pur sind...

O Uta, von wem rede ich da nur? Ich weiß es nicht. Er hat viele Namen, viele Gesichter – ein von mir selbst geschaffener Traummann, der vielleicht geboren wurde Stück für Stück aus all den Männern, in die ich verliebt war, die ich liebte? Wer kann es wissen? Sie tut nicht weh, diese Sehnsucht nach ihm, aber sie ist da. Wahrscheinlich brauche ich dieses unbeschreibliche Sehnen, dieses „da-ist-doch-noch-was-Gefühl", um in meiner nicht immer einfachen Realität bestehen, ja überleben zu können.

Dieser Märchenprinz steht neben meinem mir angetrauten Ehemann; mal verdeckt er ihn etwas, mal ist er weiter zurückgetreten. So ergänzen sich die zwei.

Was der eine nicht hat, gibt mir der andere. So lebe ich ganz gut mit meinen beiden Männern, und ich möchte es nicht anders haben. Und übrigens braucht der lebendige ja vom anderen gar nichts zu wissen!

Willst du es so oder so ähnlich auch mal ausprobieren?

Nur zu, es schadet niemandem!

Diesen Rat gibt dir

deine Maria

Sommerliebe

Wenn die Sonnenblumen blühen,
ist der Sommer überm Land.
Tage, die vor Hitze glühen,
Nächte, die vor Leben sprühen –
Komm und gib mir deine Hand,
lass uns spazieren geh'n am Strand.

Schau, wie ruhig liegt die See!
Sterne spiegeln sich im Blau,
auf dem Deich wächst grüner Klee,
über den ich mit dir geh,
barfuß durch den feuchten Tau.
Und die Nacht ist lind und lau.

Und wir gehen Seit' an Seite
schweigend dort am Ufer lang.
Ach, wie glücklich bin ich heute!
Jeder Tag ist voller Freude!
Hörst du auch den Wellensang?
An deiner Hand ist mir nicht bang.

Schau, schau schnell zum Himmel auf!
Eben ist ein Stern gefallen.
Sternschnuppe nimmt nun ihren Lauf.
Hab so sehr gehofft darauf!
Einen Wunsch hab ich vor allen:
Halt mich fest, lass mich nie fallen.

Heimwärts durchs Getreidefeld,
Liebster, welch ein süßer Duft!
Rings um uns da schweigt die Welt.
Leise nur der Wind erzählt
und klagend dort ein Vogel ruft.
Glühwürmchen flimmern in der Luft.

Ja, so will ich mit dir gehen,
immer weiter, Tag und Nacht.
Will in deine Augen sehen,
ganz viel Liebe drin erspähen.
Liebe, die mich glücklich macht:
Zärtlich, stürmisch, wild und sacht!

Juli 2022

„Ich empfinde die Wärme, ja selbst große Hitze, als angenehm". Diese Aussage stimmte damals und ist heute nicht mehr so ganz richtig. Konnte ich ahnen, dass ich fünf Jahre später das erste Mal nach Afrika reisen würde? Wohl kaum. Aber so kam es, und die Hitze in Uganda hat mir damals nichts ausgemacht und auch die folgenden sechzehn Jahre nicht.

Ich habe es immer als schön empfunden, wenn bereits nach zwei oder drei Tagen vor Ort mein Gesicht eine leichte Bräunung bekam. Das ist jetzt noch so, auch hier in Deutschland. Einige Stunden im Freien geben mir ab März bereits Farbe ins Gesicht, was gut zu meinen inzwischen weißen Haaren passt. Allerdings ertrage ich es nicht mehr so gut, wenn die Tage schwül sind. Das macht mich reizbar und übellaunig.

Ja, und dann der Traummann, von dem ich in diesem Brief spreche! Damals war der Gedanke an eine Trennung von meinem Mann überhaupt noch nicht relevant, höchstens mal mit schlechtem Gewissen angedacht und schnell wieder beiseitegeschoben. Obwohl beide Kinder zu jener Zeit schon lange auf eigenen Füßen standen, hatte ich Angst, nach einer eventuellen Scheidung alleine nicht zurecht zu kommen. Und überhaupt, ich hatte doch versprochen: bis dass der Tod uns scheidet. Das war auch so ein Satz, der fast drohend am Himmel stand! Ich werde später noch näher darauf eingehen.

Ich traf viele Männer von Berufs wegen und in meinen Ehrenämtern. Sie machten mein Leben etwas bunter; zu einigen entwickelten sich gute Freundschaften, für andere „schwärmte" ich heimlich. Ob der „Traummann" dabei war, kann ich heute nicht mehr feststellen.

Aber ich kann durchaus behaupten, nochmals eine wunderbare, tiefe Beziehung gehabt zu haben, als ich in Uganda lebte. Sechs schöne Jahre, zwar mit der Entfernung Deutschland-Ostafrika verknüpft, durfte ich mit Gilbert erleben und durch ihn mein Vertrauen in die Männer und die Liebe wiedergewinnen.

Es war ja so, dass ich zwei Jahre fest in Uganda lebte und die anderen Jahre seit dem Jahr 2000 immer mindestens einmal im Jahr für einen oder zwei Monate dort war.
Gilbert war ein wunderbarer Mann – ob er „alltagstauglich" gewesen wäre, konnte ich nicht herausfinden, denn er starb 2015, kurz bevor ich wieder für einige Monate nach Uganda wollte – zu ihm!

Da wir jedoch nie so etwas wie einen geregelten Alltag hatten – den es in Afrika sowieso nicht gibt – bleibt er weiterhin mein Traummann, der, von dem ich bereits 1995 zu Uta sprach!

4. Juli 1995

Liebe Uta,

hier in meiner „Sommerresidenz", in die ich mich
zurückzog, weht heut Abend ein kühles Lüftchen. *Mein
Balkon ist zwar etwas geschützt, aber es sind ziemlich
raue Windeshände, die mich berühren. Ein Hinweis
darauf, dass das Leben auch aus rauen Seiten besteht?
Diesen Gedanken lässt mein Optimismus, meine
Lebensphilosophie, gar nicht erst zu. Denn jedes Hoch
bringt ein Tief hinter sich her; jedes Lachen wird vom
Weinen eingeholt; jede Freude kann durch ein Leid
zunichtegemacht werden. Und dennoch glaube ich,
dass die Hochs, das Lachen und die Freude einen
größeren Platz im Leben einnehmen als die Tiefs, das
Weinen, das Leid.*

Zumindest im Nachhinein glaube ich das, denn wenn
man sich gerade in einer dunklen Zeit befindet, kann
man nur schwer vom Gegenteil überzeugt werden, das
ist mir schon klar.

Ich − die ich ja absolut noch nicht bibelfest bin und
eben dabei, diese faszinierendste aller Geschichten zu
lesen und zu begreifen - muss da an diesen Kohelet (ihr
Protestanten nennt ihn Prediger) aus dem Alten
Testament denken, der ohne Jammern und ohne
Trübsal feststellt, dass es eine Zeit gibt zum Lachen und
zum Weinen, zum Säen und zum Ernten, zum Lieben
und zum Hassen usw. Schlag dir mal die Seiten auf und
genieße sie; du wirst zuletzt verstehen ohne dich
anzustrengen, was er meint, wenn er so gelassen
behauptet „Windhauch, es ist alles nur Windhauch!"
Ich mache nun, da ich in meine „reifen" Jahre komme,

Entdeckungen an mir, auch in mir, in meinem Umfeld, von denen ich nie gedacht hätte, dass sie so spannend und interessant und vor allem so hilfreich sein können. Du willst ein Beispiel? Bitteschön! Also hör zu: Was habe ich mich früher (ich weiß nicht genau, wann das war) so wichtig genommen. Ich dachte, durch meine Arbeit, meine Aufgaben, meine Verantwortung unersetzbar zu sein und dass – wenn ich ausfalle – die ganze große Maschinerie, die sich Weltgeschehen nennt, stillsteht und nicht mehr oder nur unter großen Mühen wieder in Gang gesetzt werden kann. Irgendwann war dann der Tag X in meinem Leben, an dem mir klar wurde, dass ich wohl schon wichtig bin und meine Aufgaben zu erfüllen habe, aber eigentlich nur ein kleines Staubkorn darstelle, das eigentlich, genau genommen, vor lauter Unscheinbarkeit gar nicht sichtbar ist. Wenn ich ausfalle, geht alles ganz genauso weiter wie bisher: Sonne, Mond und Sterne leuchten am Himmel, Regen tränkt weiterhin das Land, Wind lässt es trocknen. Es wird immer noch Tag und Nacht geben, Ebbe und Flut, die Jahre werden sterben und sich erneuern – und ich war durch Gottes Liebe dazu ausersehen, in diesem sich stets wiederholenden Reigen ein Stäubchen zu sein. Ist doch ein schöner Gedanke, oder? Und dieses Stäubchen wird irgendwann mal vom Hauch des Windes weggetragen, und nach einiger Zeit weiß niemand mehr, dass es mal da im Weltgefüge einen kleinen, aber dennoch wichtigen Platz hatte.

Alles, was ich hier so schreibe, lässt mich nicht traurig sein über meine Wenigkeit, sondern dankbar, froh und glücklich, dass es so gefügt ist. Ich finde, allein schon um dieser Erkenntnisse willen lohnt es sich, alt zu werden!

Windhauch, alles Windhauch – er ist ziemlich frisch geworden und vertreibt mich in wärmere Winkel des Hauses!
Deine Maria

Gleichnis

Ich bin nur ein Halm,
ausgesät vom großen Sämann,
den wir GOTT nennen.

Alleine bin ich nichts wert,
aber zusammen mit den anderen Halmen
wird aus uns
ein großes Getreidefeld,
an dessen Ernte
viele Menschen satt werden.

Dankbar bin ich,
ein Getreidehalm zu sein,
dessen Wurzeln
auf gutem Boden stehen

Juli 2022

Wie ich feststellen muss oder darf, habe ich mir den Optimismus, von dem im vorherigen Brief die Rede ist, bewahrt über all die Jahre. Richtig deprimiert oder am Boden zerstört fühle ich mich eigentlich nie. Auch nicht in und nach schweren Zeiten, die ich, ebenso wie andere Menschen auch, erlebte.

Natürlich ziehen auch mir Todesfälle wie der von meinem Vater oder meinem Bruder den Boden unter den Füßen weg; ebenfalls auch der Verlust von Freunden. Aber bisher konnte ich gut damit umgehen, weil ich mir sicher bin, dass alles vorherbestimmt ist und genauso sein muss wie es ist. Dieses Wissen hat sich bei mir im Laufe der Zeit verstärkt. Ich kann natürlich sehr betrübt sein darüber, dass ich bald fünfundsiebzig werde, oder aber ich freue mich, dass ich überhaupt in guter Gesundheit so alt werden durfte! Meiner Meinung nach sollte man sich nicht zu viele Sorgen machen um die Zukunft – weil es eh so kommt, wie es kommen muss. Andererseits bedeutet das aber auch nicht, die Hände in den Schoß zu legen und mehr oder weniger resignierend darauf zu warten, welche Schwierigkeiten noch auf uns zu kommen. Jeder und jede von uns ist ein Stück weit des eigenen Glückes Schmied, wenn man sich verschiedene Aufgaben zutraut, neugierig auf das Leben bleibt und Vertrauen in die uns liebende höhere Macht hat, die ich Gott Vater, Sohn und Heiliger Geist nenne.

Meine Bibelfestigkeit hat sich nicht sehr viel weiterentwickelt, ich weiß zwar heute einige Dinge mehr als damals, aber meist sind es „Leitgedanken".

Das können Worte Jesus sein oder ein paar Sätze aus den Psalmen. Sie spenden Trost und sind eine Hilfestellung für den Alltag, zumindest für mich.

Kohelet (für die Evangelischen ist das Prediger) zitiere ich immer noch gern, weil ich durch ihn und eigene Erfahrung weiß, dass es für alles eine Zeit gibt – so wie jetzt und hier meine Gedanken aufzuschreiben und andere Menschen daran teilhaben zu lassen. Und im Übrigen ist wirklich alles nur – Windhauch!

8. Juli 1995

Liebste Uta,

obwohl Bruder Wind sich heut Abend anderswo herumtreibt und ein wundervoller Sommerabend zum Draußen-Sein lockt, schreibe ich heute von meinem Sekretär im Teezimmer an dich. Die Terrassentür steht offen für Mücken, Nachtfalter und viel frische Luft, von Ferne grüßt die Schwäbische Alb leicht diesig, was weiterhin gutes Wetter verheißt.

Na ja, genau betrachtet ist der oben erwähnte Sekretär eine alte, versenkbare Nähmaschine, auf deren Platte es sich aber wunderbar schreiben lässt, und mein Teezimmer bekam seinen Namen dadurch, dass ich eines Tages einen Samowar nach Hause brachte, den mir eine russische Übersiedlerin geschenkt hatte. Wo sollten wir hin mit diesem nostalgischen Ungetüm? Unser Haus ist ja schon lange voll von kleinen und großen Dingen von überall her, an denen unser Herz hängt. Also steht das Relikt aus dem ehemaligen russischen Reich nun hier in diesem Zimmer- das eigentlich zur Hälfte unser Gästezimmer ist und in dem ich meine Schreibstube eingerichtet habe - auf einem kleinen schwarzen Schränkchen in der Ecke. Und ich glaube, dass er sich wohl fühlt in meiner Nähe, der Samowar. Er strahlt so eine gemütliche Würde aus mit seiner molligen Mitte, und wenn ich ihn mir anschaue wie jetzt eben, meine ich, dass er wohlwollend zu mir aufschaut.

Er hat auch gut sein Wohlwollen zu verschenken, sieht er doch nicht, was ich sehe: Staub liegt auf seinem verschnörkelten Deckel, auf seinen Henkeln, die wie *erhobene Hände wirken und auch auf seinem Schnäuzchen, dem Hahn, aus dem bestimmt schon viele Liter heißes Wasser für den Tee gekommen sind. Morgen werde ich ihn abstauben und ein wenig mit ihm plaudern!*

Der Tisch, auf dem ich schreibe, ist nicht leer: Vor mir steht eine Kerze neben einem silbern gerahmten Foto von Frank. Ach ja, Frank – von ihm erzähle ich dir ganz bestimmt einmal. Ein anderes Mal, weil ich heute mit dir über die Heimat der Muscheln sprechen möchte, die neben Franks Foto in einer Glasschale liegen. Es sind kleine und große, gerippte und glatte, heile und zerbrochene, helle und dunkle (Ähnlichkeiten mit uns Menschen sind nicht auszuschließen) und ich weiß auch noch, woher sie den Weg in mein Zimmer fanden: aus Südfrankreich, gesucht auf der Halbinsel Giéns bei Hyerés – Erinnerung an unseren Urlaub 1987. Wir hätten am liebsten ganze Säcke voll gesammelt, weil wir damals als Familie unsere erste Begegnung mit dem Meer hatten.

Das Meer: Schon immer lockt es mich, ruft nach mir. Seit langer Zeit habe ich eine unerklärliche Sehnsucht danach in mir, und meine Freude war entsprechend groß, als wir es oberhalb von Marseille zum ersten Mal erblickten. Unser Campingplatz war nahe am Strand, und dort entlang zu gehen, war für mich eines der schönsten Erlebnisse! Aber auch das bloße zusehen, wie Woge um Woge, Welle um Welle im ewigen Rhythmus kommt und geht, kommt und geht, hat mich sehr berührt, ja beseelt. Meinst du, der Ursprung aller Meditationen liegt darin, nur dem Meer zuzusehen, seinem Gesang zu lauschen und seinen salzigen Atem zu schmecken? Ich finde diesen Gedanken sehr schön.

Meine zweite Meereserfahrung machte ich letztes Jahr auf der Reise von Lourdes nach Fatima. Als wir unsere Busfahrt in Biarritz unterbrachen, hatte ich große Freude daran, eine Weile dem Atlantik bei seinem Toben und Tosen um die Felsblöcke zuzusehen. Er war etwas stürmisch, die blaugrünen Wellen trugen an ihren höchsten Stellen weiße Schaumkronen, das Wasser umspülte Felsen und Durchbrüche, und ich war glücklich!

Auf derselben Reise machten wir in Portugal einen Abstecher nach Nazaré: Hunderte von Metern ganz feinkörniger Strand, menschenleer (es war Oktober), bot er sich dem Ozean dar. Dieser nahm ihn in Besitz mit Leidenschaft, rau, und dennoch schien mir der Vereinigung von Land und Meer fast etwas Zärtliches inne zu wohnen.

Meine nächste und bisher schönste Begegnung mit meinem Element fand im Mai dieses Jahres statt, als wir Kreta besuchten. Da fühlte ich in mir etwas ganz und gar Eigenartiges, Mächtiges: ein Gefühl wie Heimkehren, endlich ankommen, hierher zu gehören. Das Wasser war noch zu kalt zum Schwimmen, war es doch erst Anfang Mai, und Muscheln gab es an jenem Strand auch keine. Aber ich spürte die Kraft, sah die Gewalt, hörte das Tosen und Schlagen der Brandung. Dieses ewige Kommen und Gehen des Wassers, seit Jahrmillionen der immer gleiche Kreislauf, diese Beständigkeit ist es, die ich so liebe!

Ich möchte mal einen ganzen Tag lang nur dasitzen und schauen, wie es an Land kommt, wie es sich von dort zurückzieht, wie es irgendwo mit dem Horizont verschmilzt und abends die müde Sonne in seine Arme

zieht. Mein Meer, mein Kreta, ich möchte es dir, meine Freundin, so gerne mal zeigen! Mir fällt jetzt der kretische Dichter Nikos Kazantzakis ein. Er lässt seinen „Alexis Sorbas" **am Meer** *die Ruhe finden,* **im Meer** *seine Wut austoben und* **übers Meer** *seine philosophischen Gedanken schicken. Und wenn er dann sein inneres Gleichgewicht noch immer nicht wiedergefunden hat, lässt er ihn barfuß am Strand im Mondschein so lange tanzen, bis er erschöpft in den immer noch warmen, weichen Sand fällt und hier, wie in den Armen einer Frau, endlich zur Ruhe kommt. Heut sag ich dir „kalinichta" und nicht gute Nacht.*
Deine Maria, die Meerjungfrau

Spurensuche

Am Strand bin ich entlanggegangen
Tiefe Spuren hinterlassend
deutliche feste Abdrücke
meiner nackten Füße

Als ich mich umsah
hatte das Meer sie schon gelöscht
ausradiert und weggespült
Eben – glatt - unberührt
lag der Strand hinter mir

Ich erschrak
denn irgendwann wird auch mein Leben
das ich so selbstverständlich annehme
ausgelöscht und beendet sein
als wäre ich nie da gewesen

Werde ich Spuren hinterlassen?

Juli 2022

Auch hier hat die Zeit im Laufe der Jahre viel für mich getan, sodass ich jetzt schon etliche Male das Meer erleben durfte! Zweimal sogar zusammen mit meiner lieben Uta: Einmal machten wir Urlaub auf der Insel Kos und erkundeten mit geliehenen Rädern die Umgebung, um das Meer so intensiv wie möglich zu er-„leben". Abends waren wir ebenfalls per Fahrrad unterwegs und legten in der Dunkelheit Futter aus für die vielen wilden Katzen, deren Anblick mich sehr verstört und traurig gemacht hat.

Wir machten während dieses Urlaubs sogar eine große Schiffsrundfahrt auf einem Motorschiff, das sich als Piratenschiff sozusagen verkleidet hatte mit großen Segeln, die nicht funktionsbereit waren, aber sich herrlich im Wind blähten. Die Sonne allerdings funktionierte, denn ich erinnere mich daran, mir dort einen höllischen Sonnenbrand geholt zu haben.

Ein paar Jahre später reisten wir zusammen mit einer anderen Bekannten nach Chalkidiki auf dem Penelopes. Auch das war ein herrliches Erlebnis, über das wir oft und gerne sprachen.

Ach ja, und eben fällt mir noch ein, dass Uta und ich bei einer Irlandreise buchstäblich am „Ende der Welt" standen: auf den Klippen hoch überm Atlantik mit dem Wissen, dass das nächste Festland von hier aus Amerika ist.

An der Nordsee war ich inzwischen auch, die Ostsee fehlt noch in meiner Sammlung. Aber dafür kenne ich den Lake Victoria, den drittgrößten See der Erde, der schon ziemlich nach Meer aussieht.

Und ich war inzwischen zusammen mit meiner neuen besten Freundin, die ich nach Utas Tod gefunden habe, auf Teneriffa, was auch eine wunderschöne Reise war.

Das Kommen und Gehen der Wellen ist noch immer Faszination und Meditation in einem für mich.

Und als nächstes werde ich mir mal wieder den „Alexis Sorbas" zu Gemüte führen, der als eines meiner liebsten Bücher noch immer ziemlich weit vorne im Bücherregal steht. Darauf ein freundliches „kalispera!"

Nachsatz: Und griechisch essen gehe ich demnächst auch mal wieder. Auch wenn ich mich inzwischen vegetarisch ernähre, finde ich in dem neuen Lokal, das vor kurzem hier eröffnet hat und gute Bewertungen bekommt, bestimmt etwas!

9. Juli 1995

Meine liebe Freundin,

in der leise einsetzenden Dämmerung, die sich nun über Wiesen und Wälder legt, möchte ich dir von einem Traum erzählen, den ich vergangene Nacht hatte. Ich träume sehr oft, meistens etwas Schönes, manchmal weiß ich beim Erwachen allerdings nicht mehr, was es war. Aber auf etwas kann ich mich immer verlassen: Mein Gefühl gibt mir stets das Gespür dafür, ob gerade dieser Traum für mich wichtig ist. Den Traum der vergangenen Nacht will ich nicht als wichtig oder unwichtig einordnen, sondern nur als schön.

Im Traum war es kurz vor Weihnachten und der Briefträger brachte für mich ein Päckchen. Obwohl noch nicht Heiligabend war, machte ich es auf. Es enthielt ein Kästchen mit einem wunderschönen Schmuckstück, das ich zeichnen könnte, weil ich es so deutlich vor mir sehe. Es war ein silberner Anhänger in Form eines Herzens, welches links in der Spitze eine kleine Öffnung hatte, in die nochmals ein silbernes Herz eingehängt war. In diesem war eingraviert (rate! Was wohl?) ICH LIEBE DICH. Die Karte, die dem Geschenk beilag, war von Michael. Du lernst ihn gleich kennen. Er schrieb sinngemäß, dass er nun in unser Dorf zurückkehrt, weil er hier Arbeit gefunden hat, und dass nun endlich unser gemeinsames Leben, auf das wir schon so lange warten, beginnen kann.

Das war mein Traum, und nun bringe ich dir Michael.

Als meine Mutter ins Krankenhaus kam, um mich zur Welt zu bringen, teilte sie noch für einige wenige Tage das Zimmer mit einer anderen Frau, die auch aus unserem Ort war und genau eine Woche zuvor einen Jungen geboren hatte. Mangels eines Säuglingszimmers – es war ja kurz nach dem Krieg – legte man die Neugeborenen damals kurzerhand in Wäschekörbe, die ins Badezimmer gestellt wurden. Michael war also schon da, als ich ankam. Dies war unsere erste Begegnung.

Michaels Eltern waren aus sogenannten höheren Kreisen, und Mama kommt heut noch ins Schwärmen, wenn sie davon erzählt, wie Michaels Vater seiner Frau stets die Hand küsste, wenn er sie besuchte. Leider starb diese Frau schon vier Jahre später, und der kleine Junge wuchs mit drei älteren Geschwistern zwar in einer Villa, aber mit einer Hausdame auf. Sein Elternhaus war nicht weit weg von meinem und später, als wir zur Schule gingen, kam Michael oft zu uns; heimlich, denn die Hausdame duldete das nicht. Vielleicht waren wir als Flüchtlinge nicht der richtige Umgang, denn in unserem Haus herrschte Liebe, was bei ihm so nicht war. Oftmals machte Mama ihm ein Schmalzbrot, denn Michael hatte immer Hunger. Hungern lassen gehörte zum Bestrafungskonzept der Hausdame.

Wir besuchten naturgemäß die gleiche Klasse in unserer Dorfschule, gingen zusammen in den Erstkommunionsunterricht und waren fast wie Geschwister.

Nach der vierten Klasse kam Michael in ein Internat, ziemlich weit weg vom Heimatort. Nur in den Ferien kam er noch nach Hause, er besuchte uns weiter heimlich, und natürlich schrieben wir uns sehr viele Briefe. Wir waren so etwa dreizehn Jahre alt, als sich diese veränderten: Seine wurden frecher, meine romantischer. Ich habe diese Briefe übrigens heute noch, und sie sind mir sehr kostbar. Kleine Geschenke wie Tagebuch und Armkettchen machte er mir, und ich war natürlich total verliebt! Als einzige meiner Schulkameradinnen hatte ich einen „Freund", wenn auch in weiter Ferne...

Weil Michaels Mutter Elisabeth hieß, wurde die zur damaligen Zeit viel gespielte Elisabeth-Serenade mein Lieblingslied. Ganz selten hört man dieses Lied auch heute noch. Wenn es gespielt wird, muss ich immer noch an jene Frau denken, die ich nicht kannte und die so früh sterben musste.

Wir beide waren nach wie vor sehr verliebt. Kurz nach meinem vierzehnten Geburtstag bekam ich meinen allerersten Kuss! Das war früh für jene Zeit, heute ist das ja anders. Und die Küsse der heutigen Vierzehnjährigen unterscheiden sich bestimmt von unserem! Aber für mich war dieser Moment der Himmel auf Erden. Ich war das glücklichste Mädchen der Welt. Ich weiß noch, dass sich meine Mama mit mir freute. Immer, wenn ein neuer Brief von Michael gekommen war, schaute sie aus dem Fenster und winkte mir damit, wenn ich von der Schule nach Hause kam und in Sichtweite war.

Die Briefe wurden länger, intensiver, enthielten Liebesschwüre und Andeutungen für ein gemeinsames Leben.

Für mich gab es nur ihn. Ich lebte von seinen Briefen und den kurzen Momenten in den Ferien, wenn er zu mir kam.

Doch plötzlich – wie abgeschnitten – kamen keine Briefe mehr von Michael, in den Ferien besuchte er mich nicht mehr, er wich mir aus, wenn wir uns begegneten. Ich hatte den ersten Liebeskummer meines Lebens. Es war wirklich schlimm, ich habe sehr gelitten, und deshalb habe ich auch nie eines unserer Kinder ausgelacht oder billig vertröstet, wenn es unglücklich verliebt war.

Nun begann meine Berufsausbildung, ich wurde erwachsen, lernte andere Menschen, natürlich auch Jungen, kennen, aber irgendwo in meinem Herzen blieb immer Michaels Platz. Hin und wieder sahen wir uns, sprachen auch wieder miteinander, aber nie darüber, was einmal zwischen uns war.

Als unsere Klasse sich zur Zwanziger-Feier traf, war Michael auch dabei, tanzte mit mir, brachte mich sogar nach Hause, aber er vergaß den Abschiedskuss, den ich mir so sehr wünschte.

Zehn Jahre später: Wieder Klassentreffen. Mein Herz klopfte, als ich ihn sah, und ich hatte es tatsächlich von Anfang an bewusst darauf angelegt, ihn auf mich aufmerksam zu machen. Ich wollte einfach wissen, ob da noch was ist, obwohl ich schon lange verheiratet war.

Meine Bemühungen hatten Erfolg. Es blieb dann aber ein schaler Nachgeschmack, erst recht, als mein Mann sehr eifersüchtig reagierte, als ich ihm davon erzählte, dass ich Michael wieder getroffen hatte.

(Anmerkung: Warum ist man so doof und erzählt so etwas? Ich hätte schweigen sollen, das hätte niemandem geschadet.)
Wieder vergingen zehn Jahre. Jetzt waren wir vierzig und trafen uns in altbewährter Weise im Heimatort zum Klassentreffen.
Der alte Zauber war bei unserer Begegnung noch immer vorhanden, aber so plump wie zehn Jahre zuvor waren wir dieses Mal nicht. Wir freuten uns über unsere immer noch bestehende Harmonie und Freundschaft, wir tauschten Erinnerungen aus, wir küssten uns zum Abschied, aber dieses Mal hatte mein Mann keinen Grund zur Eifersucht.
Ein paarmal haben wir inzwischen miteinander telefoniert, aber nun schon lange nicht mehr. Leider scheint für unsere Wiedersehen der Zehn-Jahres-Rhythmus zu gelten! Es gab auch mal eine Zeit, in der wir uns unbedingt treffen wollten, aber es wurde nie etwas daraus. Michael wohnt ja sehr weit weg und kommt nicht oft in seinen Geburtsort, in dem ich ja auch nicht mehr lebe. Es war auch sicher besser so; mein Einsatz in diesem Spiel wäre doch sehr hoch gewesen. Michael selbst hat bis jetzt nicht geheiratet.

Ich bin nicht traurig, dass unsere Geschichte ohne Happy End auskommen muss; ich bin dankbar. Denn durch Michael durfte ich eine wunderschöne Teenagerzeit mit allen Höhen und Tiefen der ersten Liebe erleben. Es hat nicht sollen sein, wie man so sagt. Aber ganz heimlich habe ich doch ein Stückchen Michael für mich gerettet: Unser Sohn trägt als zweiten Namen seinen!

So denke ich heute, dass ein kleines Plätzchen in meinem Herzen immer nur für ihn da war und auch noch ist. Hier hat kein anderer etwas zu suchen, dieser Platz gehört meiner ersten großen, unvergessenen Liebe, die Michael hieß.

Und so alt kann ich gar nicht werden, dass ich nicht mit großer Zuneigung, leiser Wehmut und einem Lächeln an ihn denke.

Hab heut Nacht ebenfalls einen schönen Traum!

Das wünscht dir deine Maria

Erinnerung

Gestern
als ich deine Stimme hörte
war die Gegenwart plötzlich Vergangenheit

Ich war das Kind
das mit dir Hand in Hand
zur Schule ging

Ich war das Mädchen
das auf deine Briefe wartete
und von dir wachgeküsst wurde

Ich war die junge Frau
die dich so sehr liebte
und deren Liebe du nicht wolltest

Gestern
als ich deine Stimme hörte
erwachte ich

Ich weiß nun:
die Vergangenheit ist vergangen
Die Gegenwart lebt

Doch ich musste weinen

Juli 2022

Zauber der ersten Liebe – ich bin auch heute noch froh und dankbar, dass ich diesen in meinen Teenagerjahren mit Michael erleben durfte! Manchmal frage ich mich, ob es diesen Zauber in unserer heutigen Zeit überhaupt noch gibt für die Jugendlichen. Sie haben durch die neuen, allgegenwärtigen Medien ja schon sehr früh Zugang zu allen Bereichen. Ob das immer gut ist? Wo bleibt das Zauberhafte, Geheimnisvolle? Das mehr-ahnen-als-Wissen? Ob es das immer noch gibt? Ich weiß es nicht.

Ich habe von Michael das letzte Mal 2012 gehört. Ich sah damals auf dem Friedhof etwas entfernt jemanden, von dem ich glaubte, dass er es vielleicht sein könnte. Den Mut hinzugehen hatte ich nicht, aber ich schrieb ihm einen Brief, auf den er mir auch antwortete. Zuvor trafen wir uns noch einmal bei unserem Fünfziger-Klassentreffen. Da hatte er kurz zuvor geheiratet. Er lebt – oder lebte? – in Norddeutschland und hat keinen Bezug mehr zu seinem Heimatort. Auf die Einladung zur Sechziger- und Siebziger-Feier haben wir nichts von ihm gehört. Ich weiß also wirklich nicht, ob er noch lebt. Schon etliche unserer Schulkameraden haben uns verlassen, vielleicht auch er? Keine Ahnung.

Lieber Michael, wo immer du jetzt auch bist, im Norden Deutschlands oder im Himmel, du wohnst noch immer bei mir, in meinem Herz, hinter verschlossener Tür. Manchmal schließe ich diese Tür auf und denke an dich. Dann bin ich wieder das junge Mädchen, das voll Neugier in das Leben startet!

Übrigens: Michaels Briefe habe ich erst 2008 entsorgt, als ich meine Wohnung auflöste, um nach Uganda zu ziehen. Fast fünfzig Jahre hat die kleine Schatulle in meinem Nachttisch gestanden. Tut es mir leid, dass ich sie nicht mehr habe? Ich glaube nicht. Denn die Erinnerungen, die Gefühle, die Sehnsucht und die Liebe sind ja immer noch da!

10. Juli 1995

Liebste Uta,
nun kommt wieder der für mich momentan schönste Augenblick des Tages: mein Gespräch mit dir. Die Arbeit ist getan, die Schönheitspflege beendet. So sitze ich frisch geduscht und wohlriechend an meinem Lieblingsplatz auf der Terrasse. Ein flotter Marsch, den die Blaskapelle live im Wirtshaus gegenüber spielt, ist zwar nicht unbedingt meine Lieblingsmusik, aber er lässt den Bleistift leichter übers Papier gleiten und passt auch irgendwie gut zu diesem Sommerabend, der ein Wochenende nach sich zieht.
Siehst du, was ich trage? Ein schwarzes Satinnachthemd, geschnitten wie ein Herrenhemd und bis ans Knie reichend. Ich fühle mich wohl darin, ein kleines bisschen verrucht. Zusammen mit meiner braunen Haut – ehrlich sorgsam erworben an der frischen Luft, ohne Solarium und Sonnenbrand – sieht das schwarze Gewand bestimmt schön aus. Es ist niemand da, der mir sagt, dass ich ein angenehmer Anblick bin, nur der Mond guckt über Nachbars Dach – und schweigt. Oder hat er mir eben zugeblinzelt? Fast glaube ich das.

Wo war ich, ehe ich mit dem Mond geflirtet hab? Ach ja, bei der Wäsche.
Seit einiger Zeit habe ich eine Vorliebe für schöne Unter- und Nachtwäsche aus kostbaren bzw. kostbar aussehenden Stoffen, muss aber ehrlich zugeben, dass mein diesbezüglicher Bestand an Dessous noch etwas kläglich ausfällt.

Ein babyblaues, hauchdünnes, langes Nachthemd, ein ebenso dünnes Negligé aus Seide/Viskose in lindgrün, zwei französisch geschnittene Slips aus Satin (die ich mich nicht getraue außerhalb des Hauses zu tragen) und eben jenes schon erwähnte schwarze Ding, das ich gerade trage, – das ist der Anfang meiner Sammlung. Hat dieser Laden für Mollige, in dem wir demnächst einkaufen wollen, auch Unterwäsche? Aber weißt du, obwohl ich sonst zu meiner etwas barocken Figur stehe und mich auch, dementsprechend angezogen, wohl darin fühle, so ein Hauch von Slip und BH sieht halt in Größe achtunddreißig einfach schöner aus als in achtundvierzig. Doch vielleicht ist dies ja nur Einbildung von mir, wir werden es bei unserm Einkaufsbummel ja sehen! Wenn es jetzt endlich, endlich schickes „Darüber" für uns Frauen von und mit Format gibt, wird doch wohl auch ebensolches „Darunter" zu haben sein, das nicht unbedingt die Form eines Zwei-Mann-Zeltes hat!

Hast du bemerkt, dass dieser heutige Brief etwas sarkastisch ist? Meine Stimmung schwankt zwar zwischen Wut und Katzenjammer, aber dem Brief merkt man es nicht an, oder?

Der Grund meiner nicht gerade guten Laune ist, dass ich meinen Mann heute zur Rede gestellt habe (obwohl ich das eigentlich nicht geplant hatte), weil er mich so oft alleine lässt und sehr viel seiner knappen Freizeit mit seinen Freunden verbringt, die ich nicht einmal kenne. Ich fühle mich momentan zu wenig beachtet von ihm, und vor allem merke ich mit Schrecken, wie er mir allmählich gleichgültig wird.

Und ich sag dir ehrlich: Ich fühle mich nicht unwohl, wenn er nicht zu Hause ist, im Gegenteil. Also schon aus diesem Grunde hätte ich ihm gar keine Vorwürfe machen müssen. Die ganze Situation macht mir Angst, da meiner Ansicht nach die Liebe verloren geht, wenn dir der Partner gleichgültig wird oder schon ist.

Wie kann ich mich leeren Krug wieder mit Liebe auffüllen, damit ich austeilen kann davon?

Ich denke morgen darüber nach und schließe für heute, da mir die Dämmerung praktisch den Stift aus der Hand nimmt.

Hab eine gute Nacht.

Deine etwas traurige Maria

S O S

Hilfe –
Ich ertrinke
in einem Meer von Unverständnis

in einem See von Traurigkeit
in einem Fluss von Kälte

Rette mich!
Ziehe mich zu dir!
Fasse mich!
Halte mich fest!
Lass mich nicht los!
Stoß mich nicht weg!
Sieh meine ausgestreckten Arme!

SOS

Beeile dich
bevor ich aufgebe und untergehe
Weggetrieben werde
Mich anspülen lasse dort
wo ich unerreichbar bin für dich

Juli 2022

O ja, an diesen Abend erinnere ich mich noch sehr gut! Ein Sommerabend wie aus dem Bilderbuch war es. Und ich habe auch einiges zu diesem Brief zu sagen – aus heutiger Sicht. Als erstes: aus meiner damals angefangenen Dessous-Sammlung ist nicht viel geworden. Wenn ich mal was in der Richtung gekauft habe, war es mir meist zu schade zum Tragen und blieb im Schrank liegen. Irgendwann im Laufe der Zeit löste sich diese Sammlung wohl auf. Heute trage ich am liebsten bequeme, ausgeleierte T-Shirts zum Schlafen, was meiner persönlichen Umfrage zufolge auch die meisten Frauen meines Alters tun. Natürlich habe ich für „den Fall der Fälle" ein paar „richtige" Nachthemden bereitliegen, wobei mit diesem Fall weniger ein Liebes-Abenteuer gemeint ist als vielmehr der Aufenthalt in einem Krankenhaus.

Bei dem anderen Abenteuer käme ich wohl etwas in Bedrängnis, weil ich nicht mehr weiß, wie die Spielregeln sind! Oder ist es hier auch wie angeblich beim Radfahren, das man nie verlernt? Ich will es eigentlich gar nicht wissen …

Der Laden für Mollige in Offenburg – einmal waren wir dort, weil Uta ein Kleid für einen speziellen Anlass brauchte.

Sehr beständig ist dagegen meine Figur. Sie ist noch immer zu üppig, auch nach unzähligen Diäten, die ich mir schon lange nicht mehr zumute.

Richtig schön schlank für meine Begriffe war ich nur während meiner zwei Jahre in Uganda. Doch was heißt schon schlank bei mir? In meiner besten Zeit dort passte ich in eine Jeans der Größe vierundvierzig. Meine Garderobe, die ich aus Deutschland mitbrachte, musste ich enger nähen, was ein schönes Gefühl war. Meist trug ich schöne lange bunte Afrikakleider, die sooooo bequem sind. Warum war ich damals schlanker? Ich ging jeden Tag zum Markt, etwa drei Kilometer hin und zurück. Es war heiß, ich hatte kaum Hunger. Es gab keine Süßigkeiten außer Obst. Das Essen war einfach, ziemlich einfallslos und meist ohne Fleisch.

Was hindert mich eigentlich daran, wieder so zu leben wie damals in Uganda? Gut, ich laufe auch hier täglich mindestens drei Kilometer, das habe ich mir fest angewöhnt. Ich frühstücke Haferflocken mit Obst und koche gegen Abend etwas; wenig, fast kein Fleisch. Aber da ist manchmal eine Leere in mir, von der ich meine, sie mit etwas Essbarem auffüllen zu müssen. Süßigkeiten oder Naschereien kaufe ich dennoch ganz bewusst nicht. Ein Löffel Marmelade stillt diesen Hunger auf Süßes meist. Auch abends um neun.

Wobei ich natürlich schon seit Jahren weiß, dass dieser ganze Körperkult-Unsinn, dem hauptsächlich die jungen Frauen erliegen, eigentlich strafbar sein sollte.

Ich habe mich, so wie ich bin, schon seit längerer Zeit akzeptiert, muss niemandem gefallen außer mir selbst. Das gelingt mal mehr, mal weniger, je nach Tageszeit und Spiegel.

Wer mich nach meinem Gewicht taxiert und mich nur mag, wenn ich 5 kg leichter bin, dem/der sag ich gerne adieu, denn er/sie weiß nicht, was ihm/ihr entgeht, mich nicht näher kennen gelernt zu haben. Ich bin eine großartige, starke Frau und benötige keinerlei Bestätigung mehr von außen!

Allerdings hat es mir sehr gut gefallen, in Uganda gerade wegen meiner Figur so viele Komplimente bekommen zu haben, denn die afrikanischen Männer lieben Üppigkeit bei Frauen.

Kleine Anekdote: Wenn ich später meine jährlichen Besuche in Uganda machte und sozusagen frisch mit etwas mehr Gewicht auf den Hüften aus Deutschland anreiste, riefen die meisten: „O you look so fat! Beautiful!" Das war erstmal gewöhnungsbedürftig. Naja, lassen wir es so stehen.

Was mich nachdenklich macht, ist die Bemerkung über die verloren gegangene Liebe zu meinem Mann, von der ich damals schrieb. Es ist für mich erschütternd, das ich 1995 so direkt zu Uta darüber sprach. Vielleicht war es der allererste kleine Schritt in ein viel glücklicheres Leben. Das wusste ich damals aber noch nicht. Es sollte noch ziemlich genau zehn lange Jahre dauern, bis ich am 23.12.2005 geschieden wurde.

Dass es allerdings sehr harte Zeiten geben würde, dachte ich damals auch noch nicht. Und das war auch gut so.

Heute weiß ich, dass ich den richtigen Weg eingeschlagen habe und ein Leben auf mich wartete, das ich gegen nichts eintauschen wollte.

Nun endlich (nach fünfunddreißig Jahren Ehe) konnte ich meine Entwicklung fortsetzen, die ich mit meiner Heirat praktisch aufgegeben hatte. Aber auch dies wusste ich 1995 wiederum noch nicht. Heute dagegen weiß ich auch, dass alles, was nach 2005 für mich kam, ein Segen war. Ich wäre sonst heute nicht die Frau, die hier sitzt und schreibt, sondern ein vergrämtes, graues, unscheinbares Wesen in Kittelschürze, das in einer kleinkarierten, lieblosen Umgebung gefangen ist oder gehalten wird.

11. Juli 1995

Liebe Uta,

ich finde mich also wieder ein zu unserem Rendezvous in der Dämmerung in meiner lauschigen Ecke auf der Terrasse. Gerade schlägt die Uhr neunmal, es ist also unsere Zeit. Ich fühle mich wohl, denn ein schwülheißer Tag wurde heute Nachmittag durch ein kurzes, aber heftiges Gewitter unterbrochen. Für morgen ist aber schon wieder weiterhin beständiges Hochsommerwetter angekündigt, wie es sich für Juli ja auch gehört.

Ich wollte mir ja Gedanken machen über verloren gegangene Liebe und wie diese wiederzufinden bzw. weiterzugeben ist. Es kam bei meinem Nachdenken nichts Gescheites heraus, vielleicht habe ich auch nicht intensiv genug gegrübelt, wer weiß! Aber nun muss ich dir sagen, dass mir die Antwort auf meine Fragen gestern einfach in den Schoß gefallen ist (oder geschenkt wurde) und zwar von dort, woher ich viele Antworten bekomme, wenn ich mir nur die Mühe mache, offen zu sein und zu lauschen.

Im Gebetskreis, den ich immer montags besuche, war gestern das Lukas-Evangelium, Kap. 10, Vers 25-37, zu lesen. Es ist dies das wohlbekannte Gleichnis vom barmherzigen Samariter; oft gehört, und – an den Ohren vorbei – abgelegt.
Ich dachte bisher immer, die Hauptaussage ist, dass dieser Mann aus Samaria dem Überfallenen hilft. Na gut, auch ich würde einen blutenden Verletzten nicht liegen lassen. So waren bisher meine Gedanken. Aber nun, gestern, fand ich mehr in diesem Text.

53

Schon der Anfang ist beeindruckend, lies mal nach. Da steht doch, „du sollst Gott, den Herrn, lieben mit ganzem Herzen und ganzer Seele, mit all deiner Kraft und all deinen Gedanken. Und deinen Nächsten sollst du lieben wie dich selbst". So weit, so gut. Aber da fragt doch dieser Gesetzeslehrer, der Jesus auf die Probe stellen will, „Wer ist mein Nächster?" Und hier löst sich für mich auch die Frage über die Liebe fast wie von selbst: Mein Nächster ist der, der mich gerade braucht, dem ich gerade etwas Gutes tun kann. Das kannst du sein, ein Mensch in Afrika, der durch meine Spende sein Essen erhält, es kann mein krankes Kind sein, meine Mutter – oder mein Mann! Ich denke, „Nächster" beinhaltet „Nähe" und eigentlich ist mein Mann mir so nahe wie niemand sonst. Also habe ich dann nicht die Verpflichtung, wenn ich in einem fremden Menschen schon den Nächsten sehe und für ihn da sein will, dies auch oder gerade für meinen Mann zu sein?

Und gleich zum nächsten Punkt: Gott liebt mich – kann man überall nachlesen und auch spüren – mit einer ungeheuer starken Liebe. Er liebt meine Fehler, er liebt mich, auch wenn ich nicht perfekt bin, es gibt nichts, überhaupt nichts, was ihn daran hindert, mich zu lieben. Und ich armseliges Menschenkind, überschüttet mit so viel Gottesliebe, will die Liebe zu meinem Mann davon abhängig machen, wie er sich verhält, ob er gut gelaunt ist, sich genug um mich kümmert, mit mir ausgeht, nicht zu spät nach Hause kommt und so weiter!

Wie kann ich es wagen, so geizig mit der Liebe umzugehen, in der Gott mich förmlich ertränkt?

Denn auch die Frage nach dem leeren Krug bzw. wie er

sich wieder füllen lässt, bekommt hier ihre Antwort, und zwar ist diese ganz einfach: Ich kriege Liebe von Gott – und muss sie weitergeben – sie wird nicht alle, geht nicht aus, denn je mehr ich hergebe davon, desto mehr werde ich wieder aufgefüllt damit. So ist das nämlich. Auch der allerletzte Satz des besagten Lukas-Evangeliums ist nochmals ein Hammer, eigentlich das, was mich so richtig hellhörig gemacht und unheimlich beeindruckt hat. Jesus sagt nämlich ganz lapidar „Geh, und handle genauso." Geht's noch klarer, noch einfacher auszudrücken?

Genauso werde ich handeln! Anfangen werde ich bei meinem Allernächsten, und ich will doch mal sehen, ob das nicht wieder in die Reihe kommt mit uns beiden! Auch von ihm, meinem Mann, bekam ich einen Hinweis zu meinem Verhalten. Er behauptet – vielleicht hat er recht damit? - dass ich eine sehr empfindliche Mimose geworden bin, die von ihm keinen Spaß mehr verstehen würde und hinzu käme noch, dass ich manchmal launisch wäre, sodass er total verunsichert ist und überhaupt nicht mehr weiß, wie er mit mir umgehen soll. Jeder Tag wäre für ihn eine Überraschung, auf die er sich gar nicht schnell genug einstellen könne.

So, weiß ich nun endlich die Wahrheit über mich? Daran habe ich bestimmt eine Weile zu knabbern, aber du weißt ja: Wo ein Wille, da ein Weg. Ich will diesen Weg, der mir so klar und deutlich gezeigt worden ist, gehen; Steine, die ich mir vielleicht selbst zum Stolpern hingelegt habe, auf die Seite schieben und nicht vergessen, rechts und links dieses Weges nachzusehen, ob da nicht noch jemand ist, der mir nahesteht, dem *ich durch Worte und/oder Taten vielleicht helfen kann.*

Aber mein vorrangiges Ziel soll sein, IHM, der mir einmal so viel bedeutete, das wieder zu schenken, und vielleicht auch von ihm zurückzubekommen, was uns einmal so wichtig war und auch wieder wichtig werden soll: Unsere Liebe. Und ich will nicht vergessen, dass es auch an mir liegt, dass seine Liebe zu mir nicht plötzlich erlischt, einfach nicht mehr da ist. Denn dieser Gedanke macht mir Angst.

Nun, Uta, wie haben wir das wieder gemeistert? Doch gut, oder?

Mit ganz viel Liebe grüßt dich
deine Maria

Halbzeit?

Da sind
Deine Augen
Dein Lächeln
Deine Stimme
Deine Berührungen
die mich vergessen lassen
dass wir beide schon so lange
zusammen sind

Das ist der Moment
in dem ich spüre
dass ich dich liebe - noch immer
Und dass ich mit dir
auch den Rest meines Lebens
teilen möchte

Juli 2022

Oh, wenn es so einfach wäre! Da ist sie wieder: Meine Naivität, meine Blauäugigkeit, die Welt verbessern zu können auf Grund eines Bibelwortes.

Klar, würden wir uns alle an die zehn Gebote halten, wäre schon das Erdenleben paradiesisch. Es gäbe keine Kriege, keine anderen Gewalttaten, keinen Mord und Totschlag – nur noch Krankheiten oder Unfälle, an denen wir sterben würden. Sich das vorzustellen, klingt schon verlockend. Aber da wir nur Menschen sind, denen oft die Einsicht für ihr Verhalten fehlt, ist es eben anders auf unserer Welt.

Ich war auf jeden Fall in dem Moment, als ich den Brief schrieb, fest davon überzeugt: Wenn ich so handle, wird bei uns wieder alles gut. Eine Zeitlang mag das ja auch so gewesen sein, aber dann hatte uns der Alltag wieder mit all seinen kleinen und großen Problemen.

Ich bin im Nachhinein froh, dass unsere Kinder schon erwachsen und aus dem Haus waren und es nicht so hautnah mitbekommen mussten, als es langsam immer stärker bei uns kriselte. Abgesehen davon, dass wir zwei völlig verschiedene Charaktere waren, war es hauptsächlich meines Mannes Beruf als Kraftfahrer, der nicht viel an Zweisamkeit zuließ, und gemeinsame Interessen hatten wir fast keine – außer Countrymusik.

Die Aussage von damals, dass ich empfindlich geworden sei, mag sicher stimmen. Auch dadurch schützte ich mich wohl und konnte mich abgrenzen von all den „seelischen Grausamkeiten", die ich erlebte und die wir auch gemeinsam verursachten.

Hinzu kommt, dass ich es heute so sehe, dass mein Mann mir mit seinen Aussagen zu meiner damaligen Handlungsweise ein schlechtes Gewissen machen wollte. Er wusste sehr wohl, wo er mich zu packen hatte, damit ich mich schuldig fühlte und von mir aus alles tat, um wieder die Kurve zu kriegen. Das ist mir im Laufe der vielen Jahre klargeworden, vor allem, da wir ja einige Zeit nach der Scheidung wieder regelmäßigen Kontakt hatten und ich dies feststellen konnte.

Auf jeden Fall wurde unsere Liebe zur Gewohnheit, flammte manchmal zur Leidenschaft auf und ging letztendlich doch verloren.

Ich weiß nach dem Lesen dieses Briefes, dass einer allein vergebens kämpft; es müssen sich beide Partner bemühen, wenn sie ihre Ehe oder Partnerschaft retten wollen.

Jeder der beiden ist tatsächlich nur zu fünfzig Prozent verantwortlich dafür – dieses Wissen und Handhaben kann hilfreich sein, wenn es rechtzeitig erkannt wird!

13. Juli 1995

Liebste Uta,
Dämmerzeit – stille Zeit – Zeit mir dir, für dich und für mich. Du ahnst nicht, wie sehr ich mich an diese Plaudereien mir dir schon gewöhnt habe: Es ist ein Zur-Ruhe-Kommen, ein Sich-Finden, eine Befreiung – es ist wie Ausatmen nach anstrengender Wanderung, wie tiefes Luftholen auf einem Berggipfel – es ist einfach schön!

Und es ist gleichsam so, als säßest du mir gegenüber, siehst mich an und lauschst dem, was ich dir zu erzählen habe.

Wie bin ich dankbar, dass du meine Freundin bist seit - na, sagen wir zweiunddreißig Jahren. Wir kennen uns allerdings zwei Jahre länger, aber du wirst auch noch wissen, dass wir uns anfangs absolut nicht mochten. Du kamst aus einer kleinen Stadt, ich vom Dorf, und im nächstgrößeren Städtchen besuchten wir zweimal wöchentlich die Kaufmännische Berufsschule. Wenn ich auf diese Zeit zurückblicke, muss ich sagen, dass ich eine regelrechte Abneigung gegen dich hatte! Du erschienst mir so stolz, souverän, unnahbar. Heute (schon lange) weiß ich, dass dies die Mauer war, die du um dich gezogen hast, um deine Verletzlichkeit zu schützen.

Ich erinnere mich an deine schöne Kleidung, dagegen war ich Aschenputtel mit meinen abgetragenen Sachen, oftmals geschenkt bekommen von irgendwelchen Leuten aus dem Dorf, die es gut mit uns Flüchtlingen meinten. Das eine oder andere Stück hatte ich auf sehr abenteuerliche laienhafte Weise „modisch" verändert; von Hand, Nähmaschine gab es keine in unserem Haushalt.

Zwei Jahre oder sogar noch länger saßen wir im selben Klassenzimmer, aber räumlich immer sehr getrennt, wenn ich mich richtig erinnere.

Aber dann, ein paar Monate vor unserer Kaufmannsgehilfenprüfung, kam deine Anfrage an mich, ob ich mit dir ab und zu Buchführung üben würde. Ich gab mich keiner Illusion hin, es war nicht dein Weg, mich als Freundin zu gewinnen, es war reine Not von deiner Seite aus und gleichzeitig auch Egoismus, denn du wolltest von mir ja Hilfe, keine Freundschaft. Also haben wir Buchungssätze geübt, bei dir zu Hause, manchmal auch bei mir. Oftmals bin ich einfach weggelaufen, weil ich deine Art mir gegenüber nicht mehr ertragen konnte.

Ich habe dich weiß Gott nicht geliebt, und deine Gefühle für mich dürften ähnlich gewesen sein. Aber immer und immer wieder haben wir es weiter versucht, miteinander klar zu kommen. Wenn sich je zwei Menschen zusammenrauft haben, dann waren wir das!

Die Prüfung haben wir geschafft, und wir wuchsen zu unserem eigenen Erstaunen immer mehr zusammen, obwohl wir uns ja nun nicht mehr notgedrungen in der Schule sahen.

Wir schrieben uns, als ich mit neunzehn Jahren für ein Haushaltsjahr in die Schweiz ging. Als ich dann später in einen anderen Landkreis zog, in die erste eigene Wohnung (einem möblierten Zimmer), eine neue Arbeit hatte, kamst du mich sehr oft von der anderen Seite des Berges, wo du wohntest, besuchen. Erinnerst du dich noch an unsere Leibspeise von damals? Ja ja, die berühmte Currywurst! Ich habe bestimmt seit zwanzig Jahren keine mehr gegessen, weil sie einfach nicht mehr so schmeckt wie jene aus unseren Jungmädchentagen, gewürzt mit dem Kraut der Erinnerung nach der vergangenen Jugend!

Mein Gott, was waren wir verliebt, enttäuscht, wieder neu entflammt und noch mehr enttäuscht... Dein Liebeskummer war meiner, meine Tränen um irgendeinen Mann weintest du mit. Schon damals haben wir von einer gemeinsamen Reise geträumt. Allerdings schafften wir es nur bis Stuttgart, aber diesen Herbst soll unser damaliger Traum endlich wahr werden!

Meine frühe Heirat mit meiner großen Liebe, deine etwas später geschlossene Ehe mit deinem Traummann – wir blieben Freundinnen. Nicht nur, dass unsere Männer den gleichen Vornamen haben und aus derselben Gegend stammen – sie sind sich auch sonst sehr ähnlich: Sehr kritisch, sehr korrekt, sehr ordentlich – es ist sicher nicht immer leicht, mit uns beiden auszukommen! Aber auf jeden Fall leiden sie nie an Langeweile, unsere Helden!

Es sind ja bereits fünfundzwanzig bzw. siebzehn Jahre, dass unsere Hochzeitsglocken läuteten. Wer hätte in unseren Ehen einen Orden fürs Durchhalten verdient? Unsere Männer oder wir? Es wird besser sein, dieser Frage nicht allzu genau nachzuspüren und vor allem nicht unsere uns Angetrauten damit zu konfrontieren!

Immer schöner wurde unsere Freundschaft, wenn wir uns auch oftmals lange nicht trafen. Sahen wir uns dann wieder, war die Innigkeit unserer Beziehung sofort wieder greifbar. Und ich denke, so nah wie in den letzten Monaten waren wir uns noch nie. Liegt es daran, dass wir uns der Kostbarkeit des Augenblicks mehr bewusst sind? Ich kann es nicht sagen, aber ich genieße die Zeit mit dir sehr!

Liebe Uta, ich danke dir, dass du meine Freundin warst in all den Jahren. Bleib es auch weiterhin! Dies wünsche ich mir von ganzem Herzen.
Schluss für heute.
Deine Freundin Maria

Nur für Uta

Freundin du –
Begleitest schon Jahrzehnte mein Leben,
mal nahe, mal weiter entfernt,
doch immer da, wenn ich dich brauche.

Durch Jungmädchenträume
und Tage des Kummers
Durch hilflose Zeiten
als junge Frau
gingst du mit mir

Nun, in den Jahren der Reife,
bist du mir noch wertvoller geworden

Deine Nähe erfreut mich
befreit
muntert auf
beruhigt
regt an
zum Lachen zum Weinen zum Träumen

Bleibe bei mir,
geh weiter an meiner Seite,
durch graue Tage
und leuchtende Tage

Freundin du –
Wie viele Tage bleiben uns noch?

Juli 2022

Wenn ich an die Berufsschulzeit denke, in der ich Uta kennengelernt habe, erinnere ich mich wirklich als erstes an meine schäbigen Kleider. Meine Eltern waren Flüchtlinge aus Schlesien, die sich in meinem Geburtsort kennenlernten. Sie begannen ihr gemeinsames Leben buchstäblich nur mit dem, was sie auf dem Leib trugen. Ihre – und somit auch meine – ersten Jahre waren wirklich schwer. Ich bin ihnen so dankbar, dass ich den Beruf der Industriekauffrau erlernen durfte und dass sie das Menschmöglichste für uns zwei Kinder taten.

Aber große Auswahl an Kleidern gab es nicht. Immer mal wieder bekamen wir was von guten Menschen, das ich dann trug bzw. tragen musste.

Etwas Gutes hatte das: Es gab damals noch keine Markenklamotten und es wurde auch nicht so drauf geachtet, was man anhatte. Geflickt und ausgebessert **durfte** es sein, sauber **musste** es ein!

Und da war dann diese Uta, verwöhntes Adoptivkind eines schon älteren Ehepaares. Sie war der Dreh- und Angelpunkt in deren Leben. Dementsprechend war sie damals, das war im Jahr 1962, auch gekleidet.

Ja, wir rauften uns tatsächlich zusammen! Keinesfalls waren wir immer einer Meinung; manchmal stritten wir auch gewaltig. Doch nie, wirklich niemals riss unser Kontakt ab.

Jetzt bin ich alt, auf den letzten Metern meines Lebensweges, und ich weiß, wie wertvoll eine lange Freundschaft sein kann.

Ich habe aber auch gelernt mich von Menschen zu trennen oder, besser ausgedrückt, von ihnen getrennt worden zu sein durch den Lauf der Zeit, durch andere Interessen oder dergleichen.

Obwohl mir jeder dieser Menschen lieb und teuer war, kann ich heute sagen, dass uns manchmal Männer oder Frauen an die Seite gestellt werden, die unseren Weg nur ein Stück weit begleiten. Sie sind genau für diese Wegstrecke wichtig für uns. Deshalb sollten wir diese Verbindungen nicht krampfhaft festhalten, sondern sie mit viel Dankbarkeit im Herzen und guten Wünschen weiterziehen lassen, loslassen. Sie haben ihren Teil für unsere Entwicklung beigetragen und werden vielleicht woanders gebraucht.

14. Juli 1995

Liebe Uta,

es wird regnen. Irgendwann am späten Abend oder in der Nacht wird sich der Himmel öffnen und unserem Dorf einen erfrischenden Regenschauer bescheren. Links von mir ist es noch hellblau, während sich auf der rechten Seite dunkelgraue Farbe wie flüssiges Blei breitgemacht hat.

Regen – irgendwo auf der Erde immer verflucht, irgendwo immer ersehnt. Kühles, reich fließendes Wasser, das den Staub von Pflanzen und Gebäuden spült, das die Luft reinmacht, damit man wieder aufatmen, tief Luft holen kann – bis zum nächsten heißen Tag.

Hörst du auch so gerne dem Regen zu, abends im Bett, bei offenem Fenster, wenn er schön gleichmäßig fällt und dich durch sein Rauschen in den Schlaf wiegt?

Liebst du auch so wie ich den frischen Geruch, der über allem liegt, wenn die Luft reingewaschen ist? Und doch ist es manchmal Zuviel des Guten, wenn es tagelang grau in grau vor sich hin nieselt, alles feucht und klamm wird und zu ertrinken droht in Nässe. Obwohl, gerade dann liebe ich lange Spaziergänge, auf denen ich keiner Menschenseele begegne.

Mit dem Regen ist es wie mit den Tränen: Zur rechten Zeit geweint, können sie für unsere Seele Balsam sein, ob Freudentränen oder Tränen der Trauer. Auch sie waschen ab, was da wie alter Staub auf uns liegt, sie erfrischen und sie machen so schöne glänzende Augen! Allerdings muss man die dazu gehörende rote, verquollene Nase mit in Kauf nehmen.

Wann hast du das letzte Mal geweint?

Ich weiß nicht mehr, wann es bei mir war, aber mir kommen eigentlich schnell die Tränen, so lange kann es also noch nicht her sein. Manchmal muss ich weinen bei einem Lied, das ich höre, oder bei schöner Instrumental-Musik. Oft kommen mir auch die Tränen in der Kirche, wenn ich während eines Gottesdienstes SEINE Nähe spüren darf.

Mit Vorliebe aber weine ich beim Ansehen eines Films! Es tut doch so gut, wenn in einem alten Schwarz-Weiß-Film endlich nach vielen Querelen die Liebe siegt, das kranke Kind nicht stirbt, die Mutter nicht wegläuft und der Vater seine Arbeit behalten kann.

Oder sich einfach mal gehen lassen, das heulende Elend kriegen und über die ungerechte Welt mit ihren noch ungerechteren Menschen zu weinen ist auch so schön. Nur muss ich dann aufpassen, dass ich nicht zu viel Selbstmitleid entwickle und aus dieser Situation wieder schnell herausfinde. Nun möchte ich dieses nasse Thema aber wirklich abschließen und mit dir über etwas Anderes reden.

Weißt du, dass es nur noch knapp sechs Wochen sind, bis unsere gemeinsame Reise losgeht? Erst schien September noch so unendlich weit entfernt, erinnerst du dich? Und nun eilt die Zeit mit Riesenschritten.

Ich war ja schon mal in Rom und Assisi, aber ich stelle es mir wunder-wunderschön vor, mit dir nochmals alles neu zu entdecken. Wir werden sehr viel Kultur zu sehen bekommen, aber gerade das gefällt mir. Wenn ich nur an die unzähligen Kirchen denke, die wir besichtigen werden! Jede anders, jede schön auf ihre eigene Art und Weise. Irgendwann werde ich dich dann fragen, welche dir am besten gefallen hat.

Meine Lieblingskirche in Rom ist eindeutig St. Paul vor den Mauern. Ich kann die Faszination dieser Kirche auf mich nicht definieren, aber es war so etwas wie Liebe auf den ersten Blick, sollte das überhaupt möglich sein zwischen Kirche und Mensch. Die ganze Anlage des Gotteshauses hat einen besonderen Reiz, dem ich mich nicht entziehen kann. Du wirst es ja erleben.

Wir werden Rom bei Nacht erleben – wir werden tagsüber todesmutig die mehrspurigen Straßen überqueren, wir werden uns auf der Spanischen Treppe sonnen und vielleicht – hoffentlich! – auch Gelegenheit zu einem Flirt haben. Du kennst mich ja: Flirten verschönert den Alltag!

Naja, vielleicht ist es übertrieben, was ich da behaupte, aber ich meine schon, dass ein Flirt das Leben angenehmer macht für eine kurze Zeit. Auch dies wird sich ergeben – oder eben nicht. Ich werde mit dir Spaghetti essen mit und ohne Carbonara, und wir werden jeden Abend eine Flasche Rotwein so genießen, dass wir sagen können: Samtig auf der Zunge, wohlig im Magen, beschwingt im Kopf. Wir werden uns abends zum Essen umziehen und zwei äußerst annehmbare Damen sein; nicht mehr ganz jung, nicht schlank, aber wohlproportioniert, aufgeschlossen für alles, was sich so bietet – und albern wie in unseren besten Teenagerzeiten!

Genau so stelle ich sie mir vor, unsere Reise nach Rom. Und ich freue mich darauf, eine Woche lang jeden Tag mit dir zusammen zu sein. Das müsste doch ein Meilenstein werden in unserer Beziehung, was sagst du?

Für heute sage ich „bonna notte"!

Deine Maria

Rosentraum

Am Rosenstrauch,
über und über voll
mit roten Blüten und grünen Knospen,
rankt sich haltsuchend
die violette Clematis
empor.

Ich liege darunter
und träume mich
in das Himmelsblau.

Komm her zu mir,
nach näher,
ganz nahe,

und ich nehme dich mit
in meinen Traum!

Juli 2022

Meinen heutigen Ausführungen möchte ich einen Satz von Sergio Bambaren hinzufügen aus seinem Buch „Das Leuchten der Wüste".

Er sagt über das Weinen: „Manchmal muss man seine Augen mit Tränen waschen, um einen klaren Blick zu bekommen".

So betrachtet stimmt das ja auch.

Zu den schon beschriebenen Zeiten, in denen meine Tränen laufen, sind natürlich inzwischen noch einige hinzugekommen.

Es gab das Ende unserer Liebe, unserer Ehe, von der ich tränenreich Abschied genommen habe. Das Lebe-Wohl-Sagen zu meinen Kindern und meiner sehr betagten Mutter, als ich nach Uganda auswanderte, kostete mich ebenfalls viel „Augenwasser".

Tränen der Freude, wenn man den Sohn nach fünf langen Jahren der Entfremdung wieder in die Arme nehmen kann.

Aber ein Bereich der für Tränen zuständigen Stelle kam vermehrt hinzu: Tränen am Bett eines Kranken oder am Grab eines lieben Verstorbenen. Hier war die erste, aber zugleich heftigste Erfahrung der Tod meines Bruders, der 2003 mit nur neunundvierzig Jahren verstarb.

Den Tod meiner Mutter, die mit sechsundneunzig Jahren von mir ging, konnte ich ganz anders erleben und auch einordnen. Bei ihr zu sitzen, ihrem Atem zu lauschen, der dann plötzlich aussetzt… Das zu erleben war Erfahrung, Mystik, Spiritualität und Trost zugleich. Ich bin dankbar, es so erlebt zu haben.

Meine Vorstellungen davon, mit Uta in Rom unterwegs zu sein, unterschieden sich sehr von der Realität.

Nicht nur, dass sie die Unpünktlichkeit in Person war, nein, ihr wurde auch schon am zweiten Tag der Geldbeutel mit allen Papieren geklaut – darüber berichte ich noch an anderer Stellte.

Ich erinnere mich an einen schönen Tag im Stadtteil Trastevere. Statt zur Papst-Audienz zu gehen, unternahmen wir auf eigene Faust etwas und hatten viel Spaß.

Auf jeden Fall führten wir gute Gespräche, hatten aber auch manche Meinungsverschiedenheiten – wie sich das für beste Freundinnen gehört.

21. Juli 1995

Liebste Uta,
heute stelle ich mich schon früh ein zu unserem Abendgeflüster; die Sonne scheint mir noch angenehm warm auf den Rücken, der Himmel ist strahlend blau und von Dämmerung noch weit und breit keine Spur. Es sind nun die hohen Tage des Sommers – Ende Juli – und niemand denkt daran, dass auch sie vergänglich sind. Fast einen Monat schreibe ich dir nun schon. Ich denke, dass die Ausbeute gut ist. Heute möchte ich dir erzählen, warum ich dieser Briefsammlung den Übertitel „Hochsommer" gegeben habe und es erst in der zweiten Zeile „Briefe an Uta" heißt.

Mir gefiel der Titel, der mir ohne große Überlegung einfiel, einfach durch seine Kürze, seine Aussagefähigkeit und nicht zuletzt auch durch den Klang sehr gut. Erst später, als ich mich mehr damit befasste, kamen noch andere Überlegungen dazu: Hochsommer ist einmal die Zeit, in der ich dir schreibe; diese Briefe sind keine unendlichen Geschichten, Ich möchte sie dort enden lassen, wo auch der Sommer dieses Jahres endet.

Deshalb ist es also schon mal ein zeitlich feststehender Begriff. Ich kann noch nicht sagen, ob es einmal Herbst- oder gar Winterbriefe geben wird. Festlegen möchte ich mich hier nicht. Das, was du gerade von mir in Händen hältst, sind eben die Eindrücke des diesjährigen Hochsommers

Die zweite Aussage des Titels ist die, dass ich mich (dass wir uns) gerade in einem Lebensabschnitt befinden, den man so nennen kann: für Herbst sind wir fast noch zu jung, für Frühling eindeutig zu alt, für

Sommer nicht mehr frisch genug... Ich meine damit: wäre unser Leben auch in vier Jahreszeiten eingeteilt, erlebten wir beide gerade den hohen Sommer unseres Daseins, in dem alles reift, in voller Blüte steht, in dem Beständigkeit vorherrscht, in dem die Zeit still zu stehen scheint.

So kommt es mir oft vor: Die Zeit steht still. Meine Entwicklung ist beendet, die Jahre des rastlosen Schaffens für Haus und Familie sind vorbei, die Kinder erzogen (wie gut oder schlecht, muss sich erst noch beweisen), ich habe einiges geleistet in meinem Leben.

Nun darf ich, ehe es an den langsamen Abstieg ins Alter (in den Herbst sozusagen) geht, mich erst mal erholen, Ferien machen in mir selbst, wie es eben auch zum Sommer dazu gehört. Ich darf die Seele baumeln lassen, habe eine andere Zeiteinteilung, seit ich nicht mehr ganztags arbeite, und ich darf mir den Weg aussuchen, auf dem ich weiterziehen will. Es ist nicht mehr der ganz steinige, steile, ermüdende Weg, sondern der etwas ebenere, gleichmäßigere, auf dem zwar wahrscheinlich gleich hinter der nächsten Kurve auch eine Menge Geröll liegt, über das ich steigen muss. Aber dies ist für mich heute noch nicht sichtbar. Ich werde mich damit beschäftigen, wenn ich dort bin. Gelassen auf etwas zugehen, nur dem Heute begegnen – das erscheint mir am allerwichtigsten.

Dem Gestern nachzutrauern hat keinen Sinn. Nicht mit allem Geld der Welt kannst du das, was gestern geschah, auslöschen und ändern, es ist unwiederbringlich vorbei.

Und um das Morgen brauche ich mich heute auch nicht zu sorgen – es ist noch gar nicht geboren. Es ist nur EIN TAG wichtig: Der heutige. Diese Sätze (hier sinngemäß wiedergegeben) las ich im Wartezimmer einer

Psychologin, und immer, wenn ich wieder zu ihr gehe, lese ich sie aufs Neue. Sie beinhalten für mich im Moment alle Weisheit der Welt.

Ich denke ebenfalls, dass es auch so ist mit der Kraft, die wir von Gott bekommen. Er gibt sie uns immer nur für das Jetzt, das Hier, das Heute. Dies ist eine der Weisheiten, die ich für mich selbst herausgefunden habe.

Die zweite heißt „loslassen".

Dafür gibt es viele Beispiele, ich will mal nur die Kinder nennen. Wir haben sie erzogen, wir haben uns über sie geärgert, wir lieben sie. Aber es darf nicht heißen, dass wir sie mit dieser Liebe einengen, erdrücken oder gar erpressen dürfen. Die Leier von „ich habe für dich so viel getan, nun bist du mal dran" usw. kennst du ja wohl auch. Ist es nicht Geschenk genug, wenn sie gesund sind und wir sie zu guten verantwortungsvollen Menschen heranwachsen sehen dürfen, die sich im Leben bewähren? Man muss das Haus und das Herz für die Kinder auf zweierlei Arten offenhalten: Dass sie jederzeit hinausgelangen, aber auch immer wieder zurückkommen können.

Dann käme noch das Loslassen vom Konsum, von allem Überflüssigen, Weltlichen. Muss ich alles kaufen, was ich sehe? Ich gebe es ja zu: Hier war ich jahrelang sehr, sehr großzügig zu mir selbst. Ich tätigte viele Frusteinkäufe. Im Februar dieses Jahres, während einer starken Erkältung, kam ich zur Erkenntnis, dass man nicht alles braucht, was man gerne hätte. Ich wollte damals unbedingt einen ganz tollen, schönen Sekretär kaufen; mit Geheimfächern, vielen Schubladen usw. Mein Mann sollte ihn mit mir aussuchen, aber er weigerte sich!!! Einen halben Tag habe ich vor mich hin gegrollt und den Kopf hängen lassen, später dann darüber nachgedacht und inzwischen weiß ich, dass es sich auf einem alten Nähmaschinentisch (vergleiche einen der vorherigen Briefe!) auch sehr gut schreiben lässt. Daran anschließend habe ich die Erweiterung meiner Mokkatassensammlung eingestellt und erfreue mich nun an denen, die ich habe. Ich sah auch ein, dass meine vier Porzellanpuppen ohne weiteres ein respektables Grüppchen bilden, ohne dass sie sich unbedingt vermehren müssen.

Versteh mich richtig: Meine Gedanken sind nicht, dass ich auf Grund des Verzichts nun soundso viel Geld aufs Sparbuch tun kann. Nein, es geht mir vorrangig darum, nicht alles haben zu müssen.

Als nächsten Schritt habe ich die Arbeit losgelassen. Aus neun Stunden sind nun sechs pro Tag geworden, mein Haushalt ist dadurch besser in Ordnung, ich habe weniger Stress und das bereitet mir Freude. Ich werde mich schon nicht zum Putzteufel entwickeln, aber es sieht einfach schöner aus, wenn nicht überall zentimeterdick Staub liegt. Das Geld, das ich monatlich nun weniger habe, werde ich verschmerzen, da ich zum Beispiel auch nicht mehr so viel zum Anziehen benötige. Zuvor musste ich täglich etwas Anderes tragen (das ergab sich so im Kollegenkreis bei der Bank, bei der ich bisher ganztags beschäftigt war). Nun kann ich ruhig zweimal in der Woche das gleiche Outfit tragen. Und in meinem Kleiderschrank stecken noch viele Reserven, glaube mir!

In meinen alten Zeiten ging ich so alle sechs Wochen zur Kosmetikerin. Auch hier habe ich reduziert auf einmal in drei Monaten. Meine Haut ist noch in Ordnung, und zu meinen Falten stehe ich sowieso.

Und noch etwas habe ich abgegeben, losgelassen: Meine Sorgen, meine Ängste, meine Nöte. Ich lasse auch sie los, ehe sie mich verrückt machen. Ich gebe sie ab an Gott. Was er für mich vorgesehen hat, werde ich zu tragen wissen, weil er mir dabei hilft. So brauche ich mich nicht schon unnötig im Voraus mit etwas zu beschäftigen, das vielleicht auf mich zukommt, vielleicht aber auch nicht.

Liebe Uta, das war die Lektion des Loslassens, Lösen-Könnens. Sie ist vielleicht nicht das Patentrezept für alle und jeden, aber dennoch zumindest teilweise zur Nachahmung empfohlen. Mir hat es jedenfalls geholfen. Nur deshalb sitze ich hier so stressfrei in aller Ruhe, kann mit dir reden und meine Weisheiten loswerden.

So, nun lasse ich den Füllhalter auch noch los und wünsche dir eine gute Nacht!

Deine Maria

Mohnfeld

Roter Mohn auf Sommerwiesen,
fedrig leicht, in voller Pracht!

Mit den Augen still genießen,
Sommer will uns nun begrüßen.

Langer Tag und kurze Nacht.
Sonnwendfeuer sind entfacht

Juli 2022

Damals zu sagen, die Definition Hochsommer würde gerade unsere Lebensphase widerspiegeln, war absolut richtig.

Rückblickend waren wir wirklich mitten drin im Leben, so wie es für dieses Alter auch wohl sein muss.

Dass die Zeit stillsteht, ist ein Trugschluss, damals wie heute. Man möchte sie manchmal anhalten, ja, und oft fühle ich mich auch in einem zeitlosen, zeitfreien Raum. Aber je älter ich werde, desto mehr habe ich das Gefühl, dass sie rast. Und das Beruhigende dabei ist, dass dies alle, die vor mir waren, ebenfalls so erlebten. Auch die, die nach mir kommen, werden es so empfinden.

Ebenso hatte ich damals falsch eingeschätzt, dass meine Entwicklung abgeschlossen wäre. Das würde ich nicht mal heute von mir behaupten, obwohl ich inzwischen mehr als fünfundzwanzig Jahre älter bin. Aber ich dachte zu jener Zeit tatsächlich, dass nun alles so bleibt wie es im Moment ist. Arbeiten, jährlicher Urlaub, irgendwann dann die Rente...
Zum Teil haben mich derartige Gedanken, wenn ich sie zuließ, damals schon ein Stück weit erschreckt, andererseits gibt solch ein Leben nach Schablone auch Sicherheit, zumindest für eine Weile. Der Gedanke, dass es auch anders werden könnte, lebte ganz tief drinnen in mir und wagte kaum zu atmen. Angst hätte es mir sonst gemacht.

Allerdings merke ich aber, dass ich im Sommer 1995

schon die ersten Schritte in die Gelassenheit machte und verstand, dass man Dinge nicht erzwingen kann und man keine Angst haben darf vor dem folgenden Tag, weil man eh nicht ändern kann, was kommt.

Loslassen – zuerst die Kinder, dann noch so Vieles im Laufe der Jahre. Immer schmerzhaft anfangs, später erfährst du die Befreiung. Sogar der Tod kann befreiend sein. Das weiß ich, seit ich meinen Bruder loslassen musste. Es war äußerst schmerzhaft, ihn leiden zu sehen, aber nach seinem Tod bekam ich meine Lebensfreude zurück, wohl wissend, dass er von seinem Leiden erlöst wurde. Er besucht mich oft in meinen Träumen. Meine erste Frage an ihn ist jedes Mal: Geht's dir gut oder bist du wieder krank? Seiner Bestätigung, dass es ihm gut geht, glaube und vertraue ich von Herzen.

Über „nicht alles haben wollen" kann ich inzwischen Geschichten schreiben!
Haushalt aufgeteilt nach der Trennung. Neue Wohnung gesucht und eingerichtet, weil ich nur eine kleine Menge aus dem alten Wohnhaus mitnehmen durfte. Nach vier Jahren alles Überflüssige verkauft oder verschenkt (übrigens auch die Mokkatassensammlung) weil ich nach Afrika zog – mit insgesamt dreizehn Koffern!

Dort sehr spartanisch wieder angefangen: mit 2 Stühlen und einem geschenkten Tisch, dazu ein geliehenes Bett. Aber es hat mich nicht gestört.
Nach zwei Jahren wieder zurück nach Deutschland – und siehe da: Alles, was ich für einen Neuanfang brauchte, hatte ich!

Das kam so: Als klar war, dass ich wieder aus Uganda zurückkehre, haben meine Kinder einen Lagerraum gemietet und ihre Freunde und Bekannten gefragt, ob sie evtl. etwas übrig haben für die Mama. So bekam ich wirklich die komplette Einrichtung für meine neue Wohnung. Sogar mein Bett, dass ich zwei Jahre zuvor verschenkt hatte, kehrte zu mir zurück! Das war eines der vielen Wunder, die ich erleben durfte.

Aber auch in meiner Wohnung, in der ich jetzt lebe und gerade diese Zeilen schreibe, ist es eher spartanisch. Mittlerweile macht es mir weitaus mehr Freude, etwas NICHT zu kaufen statt es mir anzuschaffen.

Geblieben und noch gewachsen ist in all den Jahren mein Vertrauen in Gott, speziell in Jesus. Es ist kontinuierlich stärker geworden und wächst immer noch.
Mit meinem Gott überspringe ich Mauern – wirklich und wahrhaftig!

27. Juli 1995

Meine liebe Uta,
eines ist sicher: heute verlasse ich meinen Platz hier auf der Terrasse erst, wenn es schon stockdunkel und Zeit zu Schlafen ist!
Es war ein wahrhaft fast unerträglich schwül-heißer Tag mit Temperaturen um 34 Grad. Nun erst, am Abend, kann man sich draußen hinsetzen und die jetzt angenehme Kühle genießen. Was werde ich nur im Winter machen, wenn ich abends nicht mehr auf meine Terrasse kann? Egal – diese Zeit ist ja noch weit, weit weg!
Unser Sohn kam heute wieder zurück aus seinem Urlaub, da sind meine Nächte wieder ruhiger. Warum? Nun, ich schlafe einfach entspannter, wenn ich weiß, dass außer mir noch jemand im Haus ist. Mein Mann muss ja schon um 0.45 Uhr aufstehen, um zur Arbeit zu gehen. Um diese Zeit bin ich meistens erst kurz zuvor ins Bett gegangen und schlafe also noch nicht sehr tief, wenn er aufsteht. Wenn ich dann weiß, dass ich alleine bin, höre ich angestrengt auf alle Geräusche im und ums Haus. Dann habe ich etwas Angst vor der Nacht, obwohl man sich doch wohlfühlen kann im Schutz der Dunkelheit.
Ich meine immer, dass die Nacht gut ist und Ruhe schenkt und einhüllt mit ihrem dunklen Mantel, damit uns nichts geschieht. Wenn dann noch ein schöner Sternenhimmel zu sehen ist, fühle ich mich sicher wie in einem Zelt – oder unter einer Käseglocke! Aber eben nur dann, wenn ich nicht alleine zu Hause bin. Seltsam, nicht? Ich muss mal darüber nachdenken, warum das so ist. Welches ungute Kindheitserlebnis würde ein

Psychologe herausfinden? Keine Ahnung, aber vielleicht weiß Mama irgendwas aus meiner Kindheit, das mit Nacht, Dunkelheit und Furcht zu tun haben könnte. Sie weiß so viel und erinnert sich an Kleinigkeiten, die mir längst entfallen sind. Ich glaube, ältere Menschen leben sowieso mehr in der Vergangenheit als im Jetzt. Es erstaunt mich immer wieder, wie detailgenau jemand zum Beispiel von seiner Schulzeit erzählt, er weiß noch die Namen der Lehrer, der Mitschüler – aber der Name des Nachbarn, der bis vor kurzem zehn Jahre nebenan gelebt hat, ist ihm gerade entfallen. Mir ist es ja selbst schon manchmal so ergangen. Ist das der Kreis, der in der Kindheit geöffnet wurde und sich nun im Alter langsam schließt? So wird es sein.

Ich will am Wochenende meine Eltern besuchen. Es sind eigentlich sehr liebe, alte Leute, die gesundheitlich noch topfit sind. Ich liebe sie sehr. Diese Liebe zu ihnen und zu meinem Bruder (du weißt, wir sind nur zwei Geschwister) hat mich vor etwa einem Jahr fast krankgemacht. Ich konnte mich nicht von dieser Liebe, die eigentlich mehr Egoismus war, befreien. Meine Eltern sind gewöhnt, dass ich ihnen so gut wie nie widerspreche. Plötzlich traute ich mich das aber ab und an, weil ich nicht mehr aushalten konnte, zu allem, was sie sagten und meinten, nur immer ja und amen zu sagen.
Das gab ganz große Missverständnisse, auch Krach und viele Tränen. Sie sprechen immer von negativen Veränderungen bei mir und davon, dass ich einfach nicht mehr die wäre, die ich mal war, und dergleichen Vorwürfe mehr. Wenn ich recht überlege, kommen

diese Vorwürfe nur von meiner Mutter, mein Vater sagt nichts dazu, er ist sowieso sehr ruhig. Man stelle sich vor: Ich verließ mit achtzehn Jahren mein Elternhaus, um selbstständig zu werden und war seither immer nur zu Besuch dort. Sie haben mich nur als Kind bzw. als junges Mädchen gekannt. Meine weitere Entwicklung zur Frau fand ja fern von ihnen statt. Und diesem jungen Mädchen, lieb und etwas naiv und immer folgsam, trauern sie heute noch nach. Hinzu kommt noch die meiner Ansicht nach natürliche Entfremdung. Meine eigene Familie, mein Umfeld, mein Beruf standen eben eine ganze Reihe von Jahren für mich im Vordergrund, obwohl ich es nie an Liebe und Respekt ihnen gegenüber fehlen ließ.

Als die Lage dann letzten September immer dramatischer wurde, besuchte ich eine Gesprächs-Therapie bei einer Psychologin. Durch viel reden, weinen und auch herauslassen von Wut fand ich dann den Weg, den ich zu gehen hatte. Es ist mir gelungen, endlich die Nabelschnur zu durchtrennen und mich von den Erwartungen meiner Eltern zu befreien. Nun haben wir wieder ein gutes Verhältnis zueinander. Sie erkennen die Grenzen, die ich ihnen in Bezug auf meine Person gesteckt habe, auch langsam an. Es liegt mir sehr viel daran, gerade mit ihnen den inneren Frieden zu haben, denn die Jahre, die uns noch miteinander verbleiben, sind zu kostbar, um durch Unverständnis verdorben zu werden.
Also fahre ich am Wochenende „nach Hause".
Den Ablauf meines Besuches kenne ich schon. Es werden mir meine Lieblingsspeisen, die ich als Kind mochte, aufgetischt. Sollte ich sie inzwischen nicht mehr mögen, was ja möglich wäre, heißt es: „Aber

Kind, das hast du doch als kleines Mädchen immer so gerne gegessen!" Also werde ich großzügig sein, schön den Teller leer essen, mit Papa über Religion und Politik diskutieren – eine sehr einfache Übung. Er schimpft über und auf alle und lässt kein Gegenargument gelten. Mama wird meinen, einen Disput zwischen uns verhindern zu müssen und mir schnell erzählen, welche Leute, die ich kannte, in letzter Zeit im Heimatdorf gestorben sind. Somit hat sie auch Papa und seine Politikverdrossenheit ausgebremst.

Tja, und sie werden mir Wünsche von den Augen ablesen, die ich überhaupt nicht habe.

Später wird Papa gemütlich den Platz vor dem Fernseher einnehmen und mittels Fernbedienung einen Krimi, Tennis, Fußball und die Tagesschau zugleich anschauen.

Jetzt endlich kommt Mamas große Stunde: Mit mir zusammen am Küchentisch sitzend taucht sie ein in die Vergangenheit, erzählt von ihrem Zuhause, vom Krieg, von ihrer Flucht aus Schlesien, vom schweren Anfang in der neuen Heimat und davon, wie glücklich wir doch alle waren damals, als mein Bruder und ich noch Kinder waren, auch wenn wir keine Reichtümer hatten.

Ich lasse mich fesseln, denn sie erzählt sehr gut, sehr lebhaft, ich hake nach, erfahre wohl zum tausendsten Male, wie es war, als sie mich zur Welt brachte – und ich bin glücklich! Ich bin tatsächlich wieder das kleine Mädele, das zwar in ziemlich bescheidenen Verhältnissen aufwuchs, aber gerade durch einmalige Mutter (die durchaus auch gravierende Mängel aufweist) eine wunder-wunderschöne Kindheit voll Geborgenheit und Zuwendung hatte.

Der Zauber zwischen ihr und mir mit unserem „Weißt

du noch, damals, als..." hält solange an, bis Mama mit tiefem Seufzen sagt: „Ich wünschte mir, wir vier könnten nur noch einmal ganz alleine zusammen sein wie früher – nur wir vier!" Kommt dieser Satz – und er kommt jedes Mal, früher oder später – finde ich mich ernüchtert am Küchentisch sitzend wieder, sehe vor mir eine alte Frau und bekomme Wut in den Bauch über solche Wünsche, die auch etwas mit Egoismus zu tun haben und fast signalisieren, dass sowohl mein Mann als auch die Kinder und die Frau meines Bruders keinen Wert für sie haben...

Und dieser Satz gibt auch mir leider die Sehnsucht ins Herz nach etwas unwiederbringlich Verlorenem

Ja, man bleibt eben Kind, auch wenn man bereits achtundvierzig Sommer zählt, weil Mama und Papa ja immer noch die sind, die es ja nur gut mit mir meinen!

Soll ich dir etwas verraten, liebe Uta? Ich freue mich aufs Wochenende. Ich freue mich auch darüber, dass ich meine Eltern noch habe und mich mit ihnen verstehe trotz aller Unstimmigkeiten, durch die wir mussten und noch müssen.

Aber genauso freue ich mich auch darauf, am Sonntag diesen beiden lieben Glucken wieder Adieu sagen zu dürfen und dahin zu fahren, wo ich nicht das Kind, sondern die erwachsene Frau bin: zu mir nach Hause, zu meiner eigenen kleinen Familie.

Aber trotzdem ... trotzdem wird ein klein wenig Sehnsucht nach der längst vergangenen Kinderzeit noch ein paar Tage in meinem Herzen umhergeistern und dann und wann leise fragen „Weißt du noch, damals, als ...?"

Ich grüße dich herzlich in Liebe und Freundschaft.

Deine Maria

Arbeitsaufwand

Ihr feilt meine Kanten
Glättet die Falten
Hobelt weg
Rundet die Ecken an mir

Tagtäglich macht ihr euch diese Mühe
voll Verwunderung
dass ihr nichts damit bewirkt

Ihr wollt mich
glatt gefällig rund
Einfach zu handhaben

Hört auf damit

Sucht mich hinter Kanten
Findet mich hinter Ecken
Seht mich an
Lernt mich kennen
wie ich wirklich bin
Werft die Werkzeuge weg
Behandelt mich nur mit L i e b e

Und ich werde die sein
die ihr schon immer haben wolltet

August 2022

Dass mit der Dunkelheit verstehe ich immer noch nicht, aber ich habe keine Angst mehr, alleine zu Hause zu sein.

Ich bin in den letzten Jahren nach meiner Rückkehr aus Afrika einige Male umgezogen, darunter auch in Häuser, die ich alleine bewohnte.

Ich kann nicht sagen, dass ich mich dort unwohl gefühlt hätte, aber es ist einfach schöner, wenn noch ein menschliches Wesen mit im Haus lebt. Das ist momentan der Fall. Es ist nicht nur ein menschliches Wesen, das zwei Stockwerke unter mir wohnt, sondern tatsächlich auch eine gute Freundin. Auch sie ist alleinstehend; so sind wir zu zweit alleine.

Im Moment wohne ich hier in einer schönen Dachgeschoss-Wohnung. Ich lebe sehr zentral. Bahnhof, Supermarkt und andere Geschäfte sind binnen Minuten zu erreichen. Die Aussicht ist auch schön. Dennoch trage ich mich mit dem Gedanken, in ein Betreutes Wohnen zu ziehen, in die Nähe meiner Kinder. Hierzu sage ich später noch mehr.

Das gibt nun einen schönen Übergang zum Thema „Familie", was im vorherigen Brief schon angeklungen ist.

Dass die Unstimmigkeiten mit meiner Herkunftsfamilie teilweise auch an mir lagen, weil ich mich nicht abgrenzen konnte und meinte, es allen recht machen zu müssen, habe ich inzwischen verstanden. Aber das war ein sehr langer Weg!

Es liegt so viel daran, wie man erzogen wurde, ob man genug Selbstbewusstsein mitbekam oder einfach immer nur brav und lieb sein sollte/wollte/musste. Brave Kinder widersprechen eben nicht, besonders nicht als Mädchen.

Ich hatte oft sehr viel Zorn auf meine Eltern, weil mein Bruder immer die Hauptrolle spielte, obwohl auch er Papas unvorhersehbare Wutanfälle genauso zu spüren bekam wie ich. Ich war sieben Jahre älter als Herbert und habe sozusagen von Anfang an ihn auch mitversorgen müssen.

Sehr, sehr traurig hat mich gestimmt, als meine Mutter mir nach seiner Geburt sagte, dass mein Vater mich nun nicht mehr so sehr lieben könne wie bisher, weil er jetzt einen Sohn habe! Diese Aussage hat mich damals zwar sehr betroffen gemacht, aber die Verletzung, die dadurch entstand, kam erst viel später bei mir zum Durchbruch. Es war beileibe nicht so, dass ich meinen Bruder nicht liebte. Wir liebten ihn alle sehr und vergötterten ihn. Aber als ich erwachsen war und selber Kinder hatte in ähnlicher Alters-Konstellation, ging mir dieser Gedanke nicht mehr aus dem Kopf. Deshalb habe ich mich irgendwann hingesetzt und mein „inneres Kind" herbeigerufen. Ihm habe ich in schriftlicher Form alles erzählt und mich immer wieder mit ihm „getroffen" sozusagen, bis auch diese Wunde letztlich verheilt war. Narben waren aber immer vorhanden.

Auch als erwachsener und verheirateter Mann blieb mein Bruder im Heimatdorf wohnen, ich dagegen zog beizeiten schon aus. So entstand eine natürliche Entfremdung.

Es ist schön, sich in einer Familie geborgen fühlen zu können. Das konnte ich auch im Großen und Ganzen.

Der Erziehungsstil meiner Eltern war anders als der, in dem wir unsere Kinder erzogen. Papa und Mama wussten es nicht anders. Sie trugen beide die unmittelbare, unverarbeitete Last des Krieges in sich. Besonders die Männer taten sich damals schwer, ihre wahren Gefühle zu zeigen und versteckten sie oftmals unter Härte und buchstäblicher Sprachlosigkeit. Sie waren hilflos, hätten selbst Hilfe für ihre missbrauchten Seelen benötigt. Heute kann ich die Unberechenbarkeit meines Vaters verstehen. Er zog sich sehr oft von einem Moment zum nächsten tagelang in sich selbst zurück. Dann redete er nicht mehr mit uns und wir verhielten uns als wären wir unsichtbar. Auch Mama, nicht nur wir Kinder hatten dann furchtbare Angst vor ihm.

Vater war sozusagen sprach-los von all dem Elend, das er in Russland, Marokko und Frankreich erleben musste. Nach einigen Tagen wendete sich das Blatt und er wurde wieder fröhlich und zugänglich. Dann atmeten wir alle auf, allerdings verhalten, weil wir nicht wussten, wann er uns das nächste Mal „verlassen" würde...

Mit zunehmendem Alter wurde Papa sehr sanft, war ein liebevoller Opa und ich liebte es, mit ihm in einem Raum zu sein, schweigend, doch nahe beieinander.

Mama hat Flucht und ihren Kriegsdienst als Rote-Kreuz-Schwester ganz anders verarbeitet. Sie hat sich geöffnet, ihre Geschichte erzählt und sich somit davon befreit. Dass sie einen großen Teil ihrer Erlebnisse auf mich abgeladen hat, sei ihr verziehen – ihr half es und ich fand die Geschehnisse aufregend.

Aus all den oben erzählten Gründen und durch

arbeitsbedingten Stress bekam ich von Anfang November bis Mitte Dezember 1996 einen Kuraufenthalt verordnet in einer psychosomatischen Klinik im Saarland, nahe der lothringischen Grenze. Dort wurde mir sehr geholfen. Unter anderem riet mir meine zuständige Psychologin dazu, am bevorstehenden Weihnachtsfest meine Eltern nicht zu besuchen, sondern in meiner eigenen Familie wieder ganz anzukommen nach achtwöchiger Abwesenheit durch den Klinikaufenthalt.

Ich fand das in Ordnung. Meiner Ursprungsfamilie schrieb ich einen herzlichen Brief zu Weihnachten und kündigte meinen Besuch für Neujahr an.

Deshalb war es ein ganz schlimmer Schock für mich, als mein Vater in jenem Jahr kurz nach Weihnachten ganz plötzlich und unerwartet verstarb! Schon wieder fühlte ich mich schuldig, all das in der Kur Gelernte war schlagartig weg. Es gab nur noch das Gefühl des Versagens für mich. Ich fühlte zu aller Trauer ein unsagbar schlechtes Gewissen. Noch vor seiner Beisetzung hatte ich dann aber einen sehr intensiven Traum von meinem Vater, in dem ich mit ihm unsere Differenzen bereinigen konnte. Ich bin fest davon überzeugt, dass er mir deshalb im Traum erschien, damit ich meine Schuldgefühle loswerden konnte.

Meine Mutter lebte fortan einige Jahre alleine. Ich nahm sie dann aber mit zu mir in unser Haus, wo sie zwei Jahre mit mir und meinem Mann harmonisch zusammenwohnte.

Nach meiner Trennung zog ich mit Mama in eine gemeinsame Wohnung. Dies war aber auf Dauer nicht tragbar. Es begann eine Demenzerkrankung bei ihr und ich war überfordert durch meine Arbeit und das

Bemühen, ihr das Leben so schön wie möglich zu gestalten. Ich konnte damals nicht einordnen, was da mit meiner klugen, selbstbewussten und selbstständigen Mutter geschah. Ich wollte meine frühere Mama zurück und versuchte, sie aus ihrem Nebel im Kopf herauszuziehen, was natürlich nicht gelang. Heute weiß ich, dass sie selbst einfach nur Angst hatte vor dem, was da passierte. Daraufhin suchte ich ein schönes Pflegeheim für sie.

Unser Verhältnis war meistens gut, weil ich sie sehr oft besuchte und mich auch daran gewöhnte, dass Mama nicht mehr dieselbe war wie früher. Ganz großartig verhielt sie sich, als ich mich für zwei Jahre nach Uganda verabschiedete. Sie segnete mich und ließ mich ohne Groll meinen Weg gehen. Damals war sie bereits siebenundachtzig Jahre alt. Aus heutiger Sicht würde ich das nie mehr tun, meine alte Mutter alleine zu lassen. Natürlich hatte sie alles, was sie brauchte. Auch meine Kinder besuchten sie so oft es ging. Aber schon der Gedanke, dass ich von ihr wegging, und dann noch so weit, erschreckt mich heute. Auch, dass ich sie später nicht aus dem Heim geholt und mit ihr zusammengelebt habe tut mir im Nachhinein sehr leid.
Ihre Freude war natürlich sehr groß, als ich nach zwei Jahren wieder aus Afrika zurückkam. Sie blieb im Heim, aber wir hatten noch schöne Zeiten zusammen.
Besonders vor ihrem Tod – da war es, als wäre die Demenz verschwunden, meine „alte" Mama war wieder da und wir konnten noch einige gute Gespräche führen.
Meine Mutter war eine sehr gläubige Frau (hat sie mir vorgelebt! Danke dafür, Mama). So war auch die

Begleitung auf ihrem letzten Weg sehr innig. Ihre letzten Worte zu mir waren „Ich warte auf dich". Mitte November 2017 verstarb sie, einen Monat nach ihrem sechsundneunzigsten Geburtstag. Ich durfte bei ihr sein bis zum letzten Atemzug.

Mein Bruder verstarb bereits 2003 mit nur neunundvierzig Jahren an einer Krebserkrankung, seine Frau folgte ihm 2020 mit sechzig Jahren.

Mein geschiedener Mann ging im Februar 2020 von uns – ebenso überraschend und unerwartet wie mein Vater.

Nun sind sie alle an einem anderen, besseren Ort. Ich glaube fest an ein Wiedersehen nach dem Tod. Aber sie sollen ruhig noch etwas auf mich warten…

Ich bekomme sehr oft im Traum Besuch von ihnen. Manchmal erscheinen alle auf einmal. Dann hat Mama das Kommando wie einst im „richtigen" Leben. Manchmal beehrt mich auch der eine oder die andere alleine – sie sind mir stets willkommen und geben mir das Gefühl, dass sie mich nicht vergessen haben – genau wie umgekehrt auch!

Je älter ich werde, desto wichtiger sind mir meine Kinder und Schwiegerkinder. Irgendwann in absehbarer Zeit werde ich ihre Hilfe benötigen – ein Gedanke, der (noch) gewöhnungsbedürftig ist.

28. Juli 1996

Liebste Uta,
VOR MIR ein neuer Stapel weißes Papier. NEBEN MIR ein Glas Sangria – der Hitze wegen verdünnt – IN MIR die Freude eines erfüllten Wochenendes – UM MICH die angenehme Wärme eines langsam zu Ende gehenden heißen Tages – und IN MEINER HAND der Füllhalter! Es ist einfach alles perfekt! Was habe ich für ein Glück, dass ich dies spüren, ja fast greifen kann: Meine Seele ist harmonisch mit meinem Körper verbunden, nichts, aber auch gar nichts stört diesen Gleichklang. In meinem Herzen wohnen Liebe und Frieden. Wohlige Wärme breitet sich in meiner inneren Mitte aus, die mir neue Energie spendet. Ich fühle mich rundum glücklich und eins mit mir selbst.
Sie sind nicht gerade selten, diese harmonischen Sternstunden meines Lebens, aber auch nicht alltäglich. Ich betrachte und behandle sie als Geschenk. So sieht es wohl aus, wenn man Frieden in sich, mit sich selbst hat – in mir entstehend, von mir ausgehend, zu mir zurückkehrend.
Ich nenne diesen Zustand heute Innehalten, Atemholen für die neue Woche, denn es ist Sonntagabend.
Letztes Pausieren vor neuen Anforderungen, neuen Aufgaben, bestimmt auch neuem Ärger. Doch durch dieses Wunder, das ich eben zu spüren bekomme, bin ich bereit, alles, was mir die neue Woche bringt, anzunehmen und zu meistern, so gut ich es eben vermag. Einem Tag nach dem andern will ich mich hingeben, ihn bewusst leben und er-leben. Will mit kleinen Schritten Großes beginnen und abends meinen Tag in Gottes Hand zurückgeben, damit er ihn betrachten und beurteilen kann. Da er ein liebevoller

Gott ist, weiß ich schon jetzt, dass er über Unebenheiten hinwegsehen wird, hat er doch schon längst bemerkt, dass ich mich wirklich redlich bemühe (und doch immer wieder zu Fall komme).

So gehe ich wirklich unbesorgt in eine weitere Woche dieses herrlichen Sommers.
„Sommer Extraklasse" – diese Überschrift könnte man den Tagen geben, die wir gerade erleben. Beständige Hitze und so etwas wie Erwartung liegen über der eben begonnen Ferien- und Urlaubszeit. Es macht mir überhaupt nichts aus, dass ich gerade keinen Urlaub habe. Überall ist es nun so voll, sind so viele Menschen unterwegs. Etwas ruhiger habe ich es in der Arbeit auch, weil doch viele Kunden verreist sind. Da kann ich auch schon länger Liegengebliebenes aufarbeiten. Ich darf mich auch auf meinen neuen Arbeitsplatz freuen.
Ich werde innerhalb des Hauses in neue Räume umziehen, die von Grund auf renoviert und neu eingerichtet wurden. Es passt alles gut zueinander, farblich sehr schön abgestimmt. Richtig edel sieht meine kleine Filiale nun aus!
Ich freue mich sehr auf meinen neuen Wirkungskreis, bekomme ich doch dadurch wieder neue Motivation zur Arbeit.
Ich liebe meinen Beruf, der mich mit Menschen zusammenkommen lässt. Nie mehr wieder wollte ich in einem Büro sitzen, in dem man nur per Telefon mit Kunden verkehrt. Erst durch meine jetzige Tätigkeit merkte ich, wie schön es ist, dem „lebenden" Menschen gegenüber zu stehen. Obwohl natürlich nicht alle gleich nett und leicht zu handhaben sind.
Für viele meiner Kunden bin ich Beichtvater, der Kummerkasten. Wo ich kann, helfe ich mit Wort und

Tat. Dieses Helfen-wollen ist der am meisten ausgeprägte Charakterzug meiner Mutter, und ich habe diesen wohl von ihr übernommen, vorgelebt bekommen, geerbt ... wie immer du es nennen willst. Es ist doch gerade in unserer lieblosen Zeit so wichtig, zuhören zu können und auf die Nöte des Nächsten zu achten!

Zugegeben: Die meisten meiner Kunden besuchen mich selbstverständlich in Geldangelegenheiten, aber die, denen ich schon auf irgendeine Art zu helfen vermochte, machen mein Leben reicher. Deshalb will ich auch in Zukunft so verfahren. Der neue, elegante Raum soll mich nicht dahingehend verändern oder womöglich gar erkalten lassen.

Von meinem Wochenende bei Mama und Papa erzähle ich dir morgen.

Für heute Nacht wünsche ich dir viele schöne Träume!

Liebe Grüße von
deiner Maria

Einfach Glück

Tage –
verbracht mit Menschen unterschiedlicher Prägung

Herantasten
Fühlen
In Augen schauen und Liebe darin sehen
Wärme spüren
Nähe greifbar machen
Vereinigung der Gedanken –

Das sind Sonnenkringel
auf dem schwarz-weiß gemusterten Flickenteppich
des Lebens

August 2022

Man könnte meinen, ich habe ein Déjà-vu! Außer dem Sangria, der heute aus kaltem Tee besteht, und dass ich nicht im Freien sitze, ist alles identisch mit damals.

Ja, ich fühle mich rundherum glücklich und einig mit mir selbst. Vor drei oder vier Wochen sah das noch ganz anders aus, da hatte mich Corona fest im Griff und für einige Tage außer Dienst gestellt. Es war nicht fürchterlich schlimm, aber auch kein unbedingtes Vergnügen. Kleinere Erschöpfungszustände habe ich bis heute. Aber denen kann ich nachgeben und mich ausruhen, wenn es nötig ist. Ich bin ja nicht mehr beruflich gefordert.

Sogar das mit dem Sommer der Extraklasse stimmt. Es ist schon zu viel des Guten, denn wir haben seit Ende April (heute ist der 16. August) fast ununterbrochen eine Hitzewelle nach der anderen. Vor allem: Wir hatten seither auch so gut wie keinen Regen.

Der neue Arbeitsplatz, von dem ich schrieb, wurde wahr und blieb mein täglicher Aufenthaltsort noch für weitere dreizehn Jahre bis zu meinem Renteneintritt im Jahr 2009.

Als ich vor einiger Zeit an dem Haus vorbeifuhr, in dem ich beschäftigt war, war eine Thai-Massagepraxis dort ansässig geworden.

Der einstmals ernst gemeinte Versuch, alle unsere Bankfilialen im Kreis zu erhalten, konnte nicht verwirklich werden. Längst haben wir uns daran gewöhnt, dass auch Geldinstitute jeder Art nicht mehr automatisch täglich mehrere Stunden am Stück geöffnet haben.

Das ist unser neues Zeitalter. Den alten Gewohnheiten nachzutrauern macht niemanden glücklich und ist sinnlos. Die Zeit bleibt nicht stehen. Wir haben, so gut es geht, mit ihr Schritt zu halten, auch im Alter. Helfen will ich immer noch wo ich kann. Und zuhören kann ich inzwischen noch besser als früher. Ich habe vor einigen Jahren einen Kurs zur Geistlichen Begleiterin gemacht. Über jedem Kursbaustein stand dick und fett ZUHÖREN IST DAS WICHTIGSTE! Das stimmt ja auch. Es regt mich doch selbst auf, wenn ich mit jemandem rede und bemerke, dass derjenige mit seinen Gedanken ganz woanders ist. Das ist unhöflich und hilft keinem.

Zuhören kann man lernen. Man muss dem Gegenüber das Gefühl geben, ganz bei ihm zu sein, ihn ernst nehmen und Respekt zeigen. Es ist nicht immer einfach, das stimmt. Aber wie bei allem macht auch hier Übung den Meister.

Als unser Kurs beendet war, sagte uns eine der Kursleiterinnen, dass wir wohl mit Sicherheit unsere Gespräche mit den Menschen, die mit ihren Problemen zu uns kommen werden, selten in einem abgeschlossenen Raum halten werden. Die besten Gespräche ergäben sich völlig unvorbereitet tagtäglich auf dem Weg zum Bäcker oder dergleichen.

Ich kann nur sagen: Wo sie recht hatte, hatte sie recht! Habe ich selbst schon etliche Male erlebt.

Es kann doch für eine geistliche Begleiterin nichts Schöneres geben, als wenn der sich in Not befindliche Mensch sagt: „Sie haben mir zugehört und damit schon ein Stück weit geholfen."

Das macht mich immer wieder froh und zufrieden.

1.August 1995

Liebste Uta, guten Abend!
Eben komme ich von einem Spaziergang mit unserer Hündin Cindy zurück. Wir sind durch Wiesen und über Felder gelaufen. Das Gras ist gemäht, das Getreide steht goldgelb und riecht nach Brot. So kommt es mir jedenfalls vor.
Wir durften als Kinder beim Spaziergang nie den Rand eines Getreidefeldes übertreten oder gar einen Halm abreißen. Die Kornmuhme, die im Getreide wohnt, zog die nicht ehrfürchtigen Kinder zu sich mitten ins Getreidefeld. Was dort mit ihnen geschah, wagte ich meine Mutter schon gar nicht mehr zu fragen. Wenn sie bis hierher erzählt hatte, standen mir vor Angst die Haare zu Berge. Ich denke heute noch an die Kornmuhme, wenn ich an reifenden Kornfeldern vorbeigehe. Es ist nach wie vor richtig und wichtig, voll Ehrfurcht damit umzugehen, ist es doch unser Brot, das da wächst.
Vorhin kam ich auch an einem Holunderstrauch vorbei. Als ich das letzte Mal dort war, blühte er gerade und duftete herrlich in der warmen Sonne. Nun hat er schon Früchte gebildet, ist über und über voll mit grünen Dolden, die sich bestimmt bis in drei Wochen schon rot gefärbt haben werden und prall voll Saft sind.
Hochsommer – Zeit der Reife. Heute fängt der August an. Obwohl wir nun schon seit Wochen sehr heiße Tage haben, werden die Abende und Nächte langsam frisch. Morgens steht dicker Tau auf dem Gras. Pessimisten denken da sicher schon an Frühherbst. Doch bis dahin ist noch eine ganze Weile Zeit. Noch ist der Sommer nicht vorbei.

Ich konnte mir jene Harmonie und Ausgeglichenheit, von der ich neulich sprach, tatsächlich bis heute erhalten, zu meinem eigenen Erstaunen!

Ganz, ganz tief in mir ist so etwas wie ein ruhender Pol fühlbar geworden, von welchem aus Strahlen in jede Faser meiner Seele zu gelangen scheinen. Sie füllen mich mit Sicherheit und Ruhe, woraus diese fast greifbare, immer spürbare Harmonie wohl entsteht. Hatte ich dieses Empfinden früher schon? Vielleicht. Wenn ja, dann aber nie so stark und andauernd wie jetzt. Auch meinen Eltern konnte ich am Wochenende auf dieser Ebene begegnen. Ich fühlte keine Bevormundung ihrerseits, deshalb war auch keine Anstrengung von meiner Seite nötig, um mich bei ihnen wohl zu fühlen. Ich war richtig gerne dort. Es ist wirklich ein schönes Gefühl, das da in mir lebt. Einerseits hoffe ich, dass es anhält. Andererseits macht es mir auch etwas Angst. War dies ein erster Schritt ins Alter? Oder ist es der Lohn für alle Mühe, die ich mir mit mir selbst in letzter Zeit gegeben habe? Ist es eine logische Folgerung auf meine Meditationen? Auf das an-mir-arbeiten? Ist es gar die Antwort Gottes auf mein Stillwerden vor ihm, auf mein Offensein für ihn, auf mein Hören auf ihn? Dieses Gefühl ist so schön, dass ich es nicht durch hinterfragen zerstören will. Woher immer es auch kommt – ich bin dankbar dafür. Möge es dir, liebe Uta, vergönnt sein, ähnliches zu erfahren!

Was sich in einem Monat doch alles ändern kann: Auf die Wut und Enttäuschung in meinen ersten Briefen an dich ist nun so etwas wie ein seidenes Tuch gebreitet, das meine Seele abschirmt von äußeren Einflüssen, die nicht gut für mich sind und welches gleichzeitig die Wärme in mir vor dem Erkalten schützt. Verzeih mir, dass ich immer und immer wieder darauf zurückkomme. Ich kann dies alles ja nicht mal genau definieren und bin trotzdem voll Freude darüber!

Noch etwas fiel mir auf durch meine Schreibstunden in diesem vergangenen Monat: Fing ich zu Anfang unseres Briefwechsels erst um neun Uhr zu schreiben an, muss ich nun um diese Zeit schon damit aufhören, weil es viel eher dämmert. Wieder ein untrügliches Zeichen dafür, dass der Großteil des Sommers zu Ende ist.

Beenden möchte ich nun auch diesen Brief.

„Heimlich und sacht kommt nun die Nacht" – mit der ersten Zeile meines „Nachtliedes" möchte ich dir einen guten Schlaf wünschen, geborgen in der großen Hand Gottes. Auf einer Hand möge er dich halten, mit der anderen dich zudecken, damit dir kein Leid geschieht. Und ich werde mich voll Vertrauen in eine seiner Mantelfalten kuscheln!
Für heute bin ich
deine Maria

Am 1. August

Nur zögernd
löst sich aus dem Getreidefeld
die gespeicherte Hitze
des Tages

Duft wie nach Brot über dem Land
Grillenkonzert im Grasversteck

Über die nahe Bergkette
schiebt sich dunkelgelb
das freundliche Gesicht
des Vollmonds

Rosarote Wolkenschlieren
am dämmergrauen Abendhimmel
weissagen einen neuen heißen Sommertag –
Morgen

Nachtlied

Zaghaft und sacht klopft an die Nacht.
Sie tritt herein im Mondenschein
und deckt mich zu und schenkt mir Ruh'.

Sie ist so lind. Ich bin ihr Kind.
Geb' mich ihr hin mit Leib und Sinn
und werde still, weil sie es will.

Von Last und Sorgen bin ich geborgen.
Kann ICH nun sein und hüll mich ein
in ihr Gewand. Bin ihr bekannt.

Die Seele ruht. Es geht ihr gut.
In fernen Räumen kann sie nun träumen
von Kinderfreude, von gestern und heute,

und auch von dir. Komm her zu mir!
Ich will dich spüren, will dich berühren...
Das Traumbild schwindet, das uns verbindet.

Ich bin allein. Doch kann es sein
du träumst auch von mir? So finden wir
im Traum ein Stück vom gemeinsamen Glück.

Liebster, gut Nacht! Der Tag ist vollbracht.
Mit Gottes Segen geh'n wir entgegen
dem neuen Erwecken ohne Angst, ohne Schrecken.

Zaghaft und sacht schwindet die Nacht.
Die Sonne geht auf, nimmt ihren Lauf.
Der Tag tritt heran. Fang ihn gut an!

August 2022

Es ist wirklich ein schöner Zufall, dass ich diese Aufarbeitung der Briefe gerade in einem Sommer mache, der auch sehr heiß ist.
So brauche ich mich klimatisch nicht groß umstellen, wenn ich von Hitze schreibe, und kann alles ganz gut nachempfinden, wie ich mich damals fühlte. Diesen Brief vom 1. August 1995 bearbeite ich heute, am 22. August 2022.

Nach vielen Monaten Sonnenschein, fast ohne Regen, ist die Erde überall staubtrocken. Die Wiesen sind verbrannt, nichts Grünes ist mehr zu sehen. Nur braun, fast rot – das gleicht sehr den Savannen Afrikas. Wir haben Temperaturen, die nahe vierzig Grad sind. Das Grundwasser bereitet große Sorgen. Gerade hatten wir doch glücklicherweise zwei Tage nacheinander Regen. Alles hat aufgeatmet. Aber seit gestern sind wir schon wieder im Hitzemodus.
Viele Menschen – darunter auch ich – vertragen diese ständig so hohen Temperaturen gar nicht gut. Manchmal kann ich überhaupt nichts arbeiten, hab keine Energie und muss einfach ausruhen. Durch meine Corona-Infektion vor etwa fünf Wochen ist das alles noch etwas schlimmer geworden. Allerdings habe ich jetzt wieder ab und zu kleinere Energieschübe, über die ich mich freue.

Sehr dankbar bin ich für das schöne Gefühl der Gelassenheit, der Zufriedenheit und der Dankbarkeit, welches damals – also vor so vielen Jahren -schon begann und dessen Früchte ich nun ernte – jeden Tag.

Ich bin ein rundum zufriedener, glücklicher Mensch. Bin geliebt von meinem Gott und weiß inzwischen schon längst, dass ich kein Zufallsprodukt bin, sondern wissentlich und voll Absicht in diese Welt hineingeboren wurde. Die Eltern, die ich hatte, waren ebenso für mich bestimmt wie ich für sie.

Und ich weiß auch um meine Aufgabe, die ich in diesem Leben zu erledigen habe. Jeden Morgen bitte ich Gott mir zu zeigen, was ich heute tun muss oder tun kann, um den Sinn meines Lebens weiter zu erforschen und zu begreifen.

Man muss einsehen bzw. ich habe eingesehen, dass es oft ganz kleine, unscheinbare Dinge sind, die ich erledigen muss. Sehr oft ist auch gar kein „Auftrag von oben" vorhanden, aber ich bin trotzdem nicht vergebens auf der Welt.

Die größte Herausforderung, die es zu erfüllen gilt, ist das Miteinander mit dem Gegenüber, dem anderen Teil unserer Mitmenschen.

Wir können nicht alleine leben. Deshalb müssen wir mit den anderen in unserem Umfeld auskommen, sie akzeptieren und tolerieren. Das ist oft sehr schwer, denn unbewusst meinen wir ja fast immer, dass wir alles richtigmachen und sehen unsere eigenen Unzulänglichkeiten nicht.

Dann mein Gegenüber so anzunehmen, wie es ist, kann auch eine große Belastung sein. Hierbei hat mir nach langer Übung die Einsicht geholfen, dass der/die Andere ebenfalls ein Kind Gottes ist, so wie ich.

Das zu begreifen ist noch immer die schwerste Aufgabe für mich. Dennoch glaube ich, dass ich inzwischen ganz gut verstanden, habe worauf es im Miteinander des täglichen Lebens ankommt.

Geduld ist hierbei eine gute Hilfe und das Vertrauen darin, nicht alleine zu sein, sondern geleitet zu werden.

3. August 1995

Liebste Uta,

irgendwie ist es seit ein paar Tagen – seit ein paar Abenden – anders: das Licht, das zwischen Tag und Dämmerung über allem liegt. Wie soll ich es beschreiben? Es ist wärmer, gelber, nicht mehr so grell wie es vor Tagen noch war. Es hat einen ganz anderen Farbton bekommen, aber ich mag es so.

Wenn man wie ich jeden Abend um die gleiche Zeit am gleichen Ort sitzt und um sich schaut, fallen dir die Nuancen von Licht und Schatten, von Hell und Dunkel, sichtlich auf. Als ich anfangs hier saß, war Vollmond. Dann habe ich ihn lange überhaupt nicht gesehen, und nun schaut schon wieder eine Hälfte dieser gelben Kugel über das Dach des Nachbarhauses.

Dann sind da noch die Sterne, die jeden Tag intensiver zu leuchten scheinen. Im August soll ja der Sternenhimmel am schönsten, sein, las ich irgendwo. Mal sehen, ob sich die goldene Pracht am samtdunklen Himmel noch steigert in nächster Zeit.

Gegen 22.30 Uhr fliegt jeden Abend ein Flugzeug über mich hinweg. Ich bilde mir ein, dass es von Stuttgart kommt und Richtung Süden fliegt. Dann denke ich an die Leute, die darinsitzen und wohin sie wohl fliegen. Gerne wäre ich dabei. Es ist sicher schön, in der Dunkelheit über schlafendes Land zu schweben.

Als wir nach Kreta flogen, war dies unser erster Flug. Ich hatte Angst, weil ich nicht schwindelfrei bin und Höhenangst habe. Aber im Flieger kam dieses Gefühl überhaupt nicht auf. Meistens saß ich am Fenster und war begeistert. Man sieht ja, gute Augen vorausgesetzt, fast ganz deutlich die Häuser und Autos da unten, obwohl die Flughöhe meistens bei etwa

zehntausend Metern ist.
Wie schön ist es, wenn man über den Wolken fliegt! Du
meinst, es ist Watte da unter dir. Die wunderbarsten
Gebilde kannst du sehen. Weich und kuschelig sieht
das aus. Man denkt, das Flugzeug steht in der Luft, so
langsam bewegt es sich scheinbar, obwohl es doch
immerhin etwa achthundert Kilometer sind, die in der
Stunde überwunden werden. Es ist traumhaft da oben
und mir voll begreiflich, dass sich der Mensch schon
von Anfang an danach gesehnt hat, fliegen zu können.
Bist du eigentlich schon mal geflogen?

Gerade habe ich eine tolle Idee: Was hältst du, liebe
Uta, von folgendem Vorschlag: Nachdem wir genau
heute in einem Monat (so Gott will) in Assisi sein
werden, um von dort dann nach Rom weiterzureisen,
können wir uns doch vornehmen, jedes Jahr eine
andere Stadt kennenzulernen. Keine ganze Woche, nur
so drei oder vier Tage.
Sag mir doch mal, welche Städte dich interessieren.

Ich weiß schon, wohin ich mit dir gerne mal will: Nach
Dresden. Als ich diese Stadt 1992 zum ersten Mal sah,
war ich sogleich begeistert. Seither war ich noch
dreimal dort, letztes Jahr sogar vier Tage am Stück. Da
habe ich viel gesehen. Es war Katholikentag und die
einzelnen Veranstaltungen lagen über die ganze Stadt
verteilt. Es wird von Jahr zu Jahr schöner in Dresden.
Eines Tages wird es wieder „Elbflorenz" sein wie vor
der Zerstörung, zwar nur aus zweiter Hand sozusagen,
aber sicher dennoch wieder sehenswert.
Ich möchte mit dir im Zwinger in der Galerie die

Gemälde anschauen, nach einem Einkaufsbummel in der Prager Straße auf den Elbterrassen Tee trinken; an der Elbe sitzen und die Sonne untergehen sehen; mit dem Schiff nach Schloss Pillnitz fahren – und einmal, nur einmal, abends in großer Garderobe in der Semper-Oper sitzen und Mozart genießen! Das wäre so schön! Aber nur mit dir, weil du meine liebste Begleiterin bist. Kommst du mit mir mit, ja? Darauf freue ich mich heute schon sehr!

Deine Maria

November 2022

Auch dieser Sommer, der heißeste seit Wetteraufzeichnung, ist wie immer fast unbemerkt in den Herbst übergegangen. Aber so richtig verabschiedet hat er sich eigentlich bis heute (8. November) noch nicht. Es ist für die Jahreszeit eindeutig zu warm, erst einmal hatten wir leichten Frost.

Am schwersten fällt mir immer das Uhrzurückstellen am letzten Oktoberwochenende. Plötzlich ist es so früh dunkel, momentan bereits um halb sechs Uhr abends. Und obwohl wir alle wissen, dass die Wintermonate genauso schnell vorüber gehen wie die des Sommers, sind wir zumindest anfangs mit der dunklen, stillen Zeit nicht einverstanden. Es ist jedes Jahr so! Aber letztendlich lieben wir diese Zeit dennoch, weil sie uns Weihnachten bringt.

Abende unterm Sternenhimmel sind immer sehr schön, auch im Winter, wenn es Stein und Bein gefroren ist und die Luft klirrt vor Kälte. Ich mag das sehr.

Hier muss ich mich wieder an Afrika erinnern. Der Nachthimmel dort mit all seinen Sternen ist einfach – bombastisch! Ein anderes Wort fällt mir nicht dafür ein.

Dadurch, dass nicht so viel Licht von der Erde durch große Städte und dergleichen nach oben absorbiert wird, scheint der Himmel tief dunkelblau. Die Sterne erscheinen so nah, dass man meint, man könne sie von

Hand „pflücken". Ich kenne mich (leider) mit den Gestirnen überhaupt nicht aus, entdecke vielleicht gerade noch den großen Wagen (oder den kleinen).

Aber als mir einer unserer Praktikanten in Ostafrika das Kreuz des Südens zeigte, musste ich weinen. Keine Ahnung warum. Das ist etwas, wovon ich so oft las und da es ein Sternbild ist, das nur auf der südlichen Halbkugel gesehen werden kann, hat mich das sehr ergriffen. Manchmal bekomme ich große Sehnsucht nach Uganda und würde am liebsten in den nächsten Flieger steigen...

Was das Fliegen betrifft, von dem ich im vorherigen Brief schrieb, bin ich wohl inzwischen so etwas wie ein Profi geworden. Ich liebe es! Am liebsten würde ich rund um die Welt fliegen! Insgesamt bin ich dreiunddreißig Mal nach Uganda und wieder zurückgeflogen, oftmals Direktflüge von London, Brüssel oder Amsterdam, aber auch einige ab Frankfurt über Adis Abeba. Auch mit Emirates flog ich schon mehrmals via Dubai. Dieser Flug ist immer sehr lang, aber traumhaft. Einmal mussten wir geraume Zeit über Dubai kreisen, ehe wir Landeerlaubnis bekamen. Nie werde ich vergessen, wie schön es von oben aussah: Die orangenen Straßenlichter, verbunden mit den Lichtern der Häuser und denen des Strandes – es sah aus wie eine leuchtende Perlenkette.

Und dann der Flughafen erst! Riesig! Marmor, wohin man sieht. Künstliche kleine Wasserfälle mit echten Palmen; teure Geschäfte, überall wird Goldenes verkauft – eine unwahrscheinliche Pracht im ganzen Gebäude. Auch duschen kann man dort. Es gibt auch Gebetsräume, getrennt nach Männern und Frauen.

Dort habe ich so manche Wartezeit schlafend verbracht, bewacht von unzähligen verschleierten Frauen, die mich nicht als Eindringling betrachteten.

Auf dem Rückflug hatte ich immer etwa fünf Stunden Aufenthalt, mitten in der Nacht. Da der Flughafen in Dubai ein Drehpunkt ist nach Asien und Australien, gab es immer viel zu beobachten. Ich sah Scheichs mit ihren verschleierten Damen; edel gekleidete Frauen, die ihre Gucci-Taschen lässig unterm Arm hatten; laute, frierende Urlauber, die aus Thailand kamen, in Dubai umsteigen mussten und vergessen hatten, ihre langen Hosen und Jacken bereit zu halten. Einmal sah ich ein Häuflein indischer Nonnen der Mutter Teresa, die verschreckt in einer Ecke standen und nicht wussten, wo es weitergeht. Die Gates sind furchtbar lang, "Wanderungen" von 30 Minuten und mehr deshalb keine Seltenheit.

Ich bin immer gerne mit Emirates geflogen. Auch die Ausstattung der Flieger ist etwas komfortabler als bei anderen Airlines, auch in der Economy-Class.
Erschreckend war anfangs für mich, wenn der Kapitän arabisch sprach. Diese tiefen Kehllaute ließen mich immer an Terroristen denken, die jetzt gleich die Maschine entführen...
Einmal flog ich sogar mit einem Airbus 380, also dem doppelstöckigen Flugzeug.
Allerdings würde ich nicht mehr mit dieser Linie fliegen, weil die arabischen Staaten nichts von women rights halten.
Zu Dresden: vor etwa fünf Jahren war ich nochmals dort, zusammen mit zwei Freundinnen. Wir wohnten etwas außerhalb, hatten aber gute Verkehrsverbin-

dungen, sodass wir jeden Tag die Stadt mit Bus und auch mit der Straßenbahn erkundeten. Ich glaube, wir sahen alle Winkel von Dresden, was jetzt sicher übertrieben ist, aber viel dürfte nicht gefehlt haben.

Besonders schön fand ich das Panorama im ehemaligen Gaskessel, das die Stadt im 17. Jahrhundert zeigte. Man konnte einen kleinen Turm besteigen und meinte, mitten in Dresden zu sein, weil rundum an den Wänden das komplette Leben dargestellt war. Es gibt einen speziellen Künstler, der diese Panoramen (auch von Rom und von den Tiefsee-Korallen-Riffs) macht, ich weiß seinen Namen nicht mehr. Ich glaube, wir waren über vier Stunden in diesem Raum und entdeckten ständig etwas, das wir noch nicht gesehen hatten.

Auch die Frauenkirche besuchten wir. Als ich Jahre zuvor in Dresden war, lag dort nur ein Berg Schutt – heute strahlt sie in altem (oder neuem) Glanz. Ein sehr beeindruckendes Bauwerk!

Wir waren auch in den Anlagen des Schlosses Pillnitz, allerdings an einem Regentag.

Ich würde gerne nochmals nach Dresden reisen. Sicher habe ich noch lange nicht alles gesehen.

Aber mein nächstes Ziel ist Görlitz. Das habe ich für nächsten Juni schon gebucht, nachdem ich zweimal Corona-bedingt stornieren musste. Auch das soll eine traumhaft schöne Stadt sein.

O ja, es gibt sicher noch so viel zu sehen auf dieser Welt! Alles werde ich wohl nicht mehr schaffen. Aber ich bin sehr glücklich und zufrieden damit, dass ich bereits schon so viel gesehen habe. Und im nächsten Leben geht's dann weiter!

6. August 1995

Liebe Uta,

nachdem es vor einiger Zeit geregnet hat und gleich darauf die Sonne wieder schien, war ich mir ganz sicher, dir heute unter einem Regenbogen schreiben zu können. Ich freute mich schon auf die guten Gedanken, die da nur so geflogen kommen würden. Ich war davon überzeugt, dass heute auf meiner Terrasse ein bedeutendes Stück deutscher Literatur der Gegenwart entsteht, das vielleicht in ein paar Jahren in den Lesebüchern der Gymnasien behandelt wird! Nix ist: Kein Regenbogen, kein Mond überm Nachbarhaus, kein Sternenhimmel. Wahrscheinlich kommt auch heute das halb-elf-Uhr-Flugzeug nicht (weil Sonntag ist).

Also eine ganz andere Atmosphäre als sonst um diese Zeit herrscht hier heute.

Was kann ich dagegenhalten? Leeres Papier stapelweise, ein intakter Füllhalter, aus der rechten Ecke Mozarts Konzert für Flöte und Orchester Nr. 1 und 2, aus der linken Ecke blinzelt mich Igor, der Samowar, an und Cindy, unser altes Hundemädchen, ist vor dem Regen geflüchtet und liegt glücklich seufzend und leise schnarchend zu meinen Füßen. Dazu kommt eine Unmenge gereinigter, frischer Luft zur Türe herein, und Lust zum Schreiben habe ich auch. Ob vielleicht aus dieser Umgebung heraus doch noch was für kommende Gymnasiasten wird? Wer weiß es schon!

Gestern war ich ja bei dir und wir beide hatten einen wirklich schönen Nachmittag, nicht wahr? Du hattest zwar nicht die rechte Einkaufslaune, aber als meine Beraterin warst du prima! Das schwarze Kleid, das ich gekauft habe, wird sogar meinem Mann gefallen. Er wird sich zwar lieber auf die Zunge beißen, als mir zu sagen, dass ich schön aussehe, aber wenn es ihm NICHT gefällt, bekomme ich es schon zu hören. Er handelt seit 25 Jahren nach dem Motto „wenn ich nichts sage, ist es in Ordnung." Das ist die Mentalität und der umwerfende Charme meines Göttergatten! Und ich erliege dem immer wieder neu. (Diese Flötenmusik ist traumhaft. Ich mag Mozart.) So schlank wie gestern in diesem Laden für Mollige habe ich mich schon lange nicht mehr gefühlt. Schicke Sachen bis Größe sechzig, da bin ich mit meiner sechsundvierzig/achtundvierzig ja wirklich ein schmales Reh.

Aber schön war es doch, das schlichte Kleid, das ich zuerst wollte und von dem du mir abgeraten hast. Siehst du – dazu hat man eine Freundin! Ich konnte dir ja weder zu noch abraten, da du ja nichts gefunden hast und wahrscheinlich auch nichts finden wolltest. Ein anderes Mal wieder, ja?

Vielleicht gibt es ja ein solches Geschäft auch in Rom? War nur Spaß. Die Römerinnen sind alle so chic und schlank und jung. Ich vermute sehr stark, dass man die Frauen mit über fünfundvierzig Kilogramm und älter als sechsunddreißig Jahre in den Katakomben versteckt!

Wenn ich genug Geld hätte, vielleicht so um die zwanzigtausend DM, auf die es mir nicht ankommt, würde ich mir so ein Geschäft für große Größen einrichten. Ohne aufdringliche Bedienung, nur auf ausdrücklichen Wunsch gäbe es Beratung. Ich würde eine große Theke aufstellen, ähnlich wie eine Bar, an der es Erfrischungen und Kaffee gibt. Der Rest des

Raumes müsste ausgefüllt sein mit gemütlichen Sesseln und dicken Kissen auf dem Boden. Man könnte hier ganz zwanglos verkehren, auch etwas lesen oder Musik hören. So richtig zum Wohlfühlen sollte es sein. Und Körbe voll Wolle müssten überall stehen!

Ich würde vor der Geschäftseröffnung noch eine Ausbildung zur Kosmetikerin machen, was sowieso ein alter Traum von mir ist. Deshalb würde die andere Seite des Ladens als Kosmetikabteilung eingerichtet sein, in der es auch verschiedene Duftöle und andere Wohlfühl-Artikel zu kaufen gibt. Das wäre mein Bereich. Um die Mode müsstest du dich kümmern, da wir ja das Geschäft gemeinsam hätten. Wir nennen es "by Uta-Marie", und es hätte bald einen sehr guten Ruf in der Branche, weil wir etwas ganz Besonderes anbieten würden.

Was meinst du: Sollen wir Männern den Zutritt verwehren oder gestatten?

Vielleicht zeitweise so und so, damit sie ihren Frauen beim Kleiderkauf zusehen können. Ganz ausschließen können wir die Spezies Mann wahrscheinlich nicht, es geht ja auch um einen Flirt hie und da!

Die Buchführung machen wir gemeinsam, wie in alten Tagen zusammen erlernt. Etwas von diesem Wissen wird schon noch vorhanden sein.

Na, gefällt dir mein Traum, den ich hier geschildert habe?

Ja natürlich, es ist nur ein Traum, aber ich wünschte mir für dich, dass er wahr wäre, dass du dich aus den Klauen deiner jetzigen Lebensweise befreien könntest. Ich stelle mit Entsetzen fest, wie gefangen du bist. Noch mehr entsetzt mich, wie du diese Gefangenschaft genießt.

Keine Frage, du hast Erfolg, einen guten Job, du verdienst prima, aber etwas hast du nicht: Du gehörst

nicht dir selbst! Ich schreie dich an: Wo bleibst DU in diesem Räderwerk von Organisation und Funktion? Du kennst dich ja gar nicht, hattest auch nie die Gelegenheit, dich richtig kennen zu lernen. Deshalb erschrickst du auch, wenn du im Spiegel eine alte Frau siehst (wie du mir selbst sagst). Diese Frau im Spiegel muss dir ja fremd sein, denn du hast dich nie mit dir auseinandergesetzt, nie nach deinen Bedürfnissen gefragt. Nein, Uta, das ist der tollste Beruf nicht wert, dass man sich selbst vergisst.

Du bist doch ständig dabei zu beweisen, wie gut du bist, wie fit dein Geist ist, wie schnell du tippen und wie toll du organisieren kannst. Beweise dir doch erst mal selbst, dass du noch lebst, noch Träume, Sehnsüchte, Wünsche hast. Lache mal wieder richtig, damit man deine hübschen Grübchen sieht, die schon so lange versteckt sind, weil du wahrscheinlich zu wenig zum Lachen hast.

Du tust mir leid. Es ist höchste Zeit für dich, etwas kürzer zu treten im Beruf. Glaube mir, sonst kommt irgendwann der Zusammenbruch, den ich dir natürlich nicht wünsche. Dann ist es für alles zu spät. Wach auf und sieh endlich ein, dass dies dein Leben ist, das so mit Füßen getreten wird, von dir selbst.

Deine Seele schreit nach Befreiung. Halte sie bitte nicht weiter gefesselt. Wenn es möglich wäre, würde ich dir tropfenweise stündlich von der Erkenntnis eingeben, die ich mittlerweile gewonnen habe. Nicht um alles in der Welt möchte ich mit dir tauschen.

Sollte dieser Brief so ganz anders sein als die

vorherigen, ist das so gewollt. Setz dich auseinander mit dir, mache dir Gedanken um dich. Nicht erst morgen, heute – jetzt gleich. Du bist es wert, dass sich auch andere um dich sorgen. Komm zu „Uta-Marie", setz dich in die Kuschelecke, lies ein Gedicht, höre Musik. Dann komm in meine Kosmetikstube, und zusammen mit allen Pickeln, Härchen und anderen Unreinheiten werden wir auch nach und nach dein Inneres frei machen von Unlust und Unrast und Unebenheiten. Dann suchen wir etwas Schönes aus unserer Kollektion aus, machen uns ausgehbereit und verbummeln einen ganzen Tag, ohne auf die Uhr zu schauen. Und abends gehen wir tanzen!

Würde dir das nicht gefallen? Ich wünsche mir so sehr, dass es dir gut geht und du dich wohlfühlst...

PS: Ob mir dies alles unterm Regenbogen auch eingefallen wäre?

Wenn dieser Brief etwas, sei es nur einen Hauch, in dir zum Schwingen bringt, dann hat es müssen sein, dass kein Regenbogen am Himmel stand, und dann bin ich auch nicht traurig darüber. Es macht mir auch überhaupt nichts aus, dass der Flieger an diesem Abend nicht übers Haus hinweg flog. Ich will damit zufrieden sein, dass heute eben alles ein bisschen anders war als sonst.

Nur Mozart... er ist geblieben, wie er immer war.

Alles Liebe für dich und gute Nacht!

PPS: Eben kam es doch noch – das Flugzeug von irgendwo nach irgendwo. Somit ist die Welt doch nicht ganz aus den Fugen.

Endgültig gute Nach sagt nun deine Maria

Altkleidersammlung

Nun packe ich auch diesen Tag weg
wie ein getragenes Kleid:
Es hat gepasst,
hat zwar gezwickt,
hat eingeengt
und bekam auch einen Riss

Dafür wurde eine andere Stelle
ausgebessert

Es ist leicht angestaubt,
etwas zu kurz,
aber doch lang genug

Jetzt kommt es
zu den vielen vielen
anderen getragenen Kleidern:

Jedes für mich gemacht
Alle mir passend
Manche gern getragen,
andere verabscheut

Alle nach einem ähnlichen Schnittmuster,
doch jedes ein Einzelstück

November 2022

Sonderbar, an diesen Einkaufsbummel kann ich mich überhaupt nicht mehr erinnern und schon gar nicht an das schwarze Kleid, das ich dort gekauft haben soll. Doch, jetzt fällt es mir gerade wieder ein. Ich trug es jahrelang. Es war aus Leinen, auf jeden Fall mit Leinen-Anteil. Heute würde man sagen, es war eine A-Linie, hatte halbe Ärmel und war durchgehend geknöpft mit hellen Perlmuttknöpfen. Der Ausschnitt war herzförmig. Was einem alles wieder einfällt, wenn man in den Windungen des Gehirns wühlt!

Der Traum vom eigenen Laden blieb – wie so vieles – natürlich ein Traum. Wie hätte ein solcher auf dem Land auch funktionieren sollen? Gottseidank hatte ich kein Geld übrig für so etwas. Aber ich vermute stark, dass mich der Pragmatismus meines Mannes sowieso von der Verwirklichung abgehalten hätte.

Das mit den Komplimenten stimmte bis zuletzt. Damit hat er schwer geknausert. Ob er die andere, meine Schattenfrau sozusagen, mehr verwöhnt hat? Keine Ahnung. Und wenn, soll es ihr gutgetan haben.

Zurück zu Uta. Sie war ein Workaholic, obwohl es diesen Begriff damals noch gar nicht gab. Sie trat mit 15 Jahren ihre Lehre an als Industriekauffrau in einem weltweit bekannten Unternehmen, wurde ziemlich bald Sekretärin des Vorstandes und blieb dies die nächsten Jahrzehnte. Sie hatte panische Angst, jemand könnte ihr diesen Platz streitig machen und war von unheimlichem Ehrgeiz nahezu besessen. Selbst sonntags war sie oft im Büro. Ihre beiden Kinder wurden fremdbetreut. Kitas gab es ja noch nicht in dieser Zeit.

Utas Ziel war es, vierzig Dienstjahre voll zu machen, was sie schließlich auch erreichte. Damals merkte man schon, dass sie gesundheitliche Probleme hatte. Sie hatte vor allem mit Bluthochdruck zu kämpfen.

Als man ihr vom Betrieb aus vorschlug, das Angebot des Vorruhestandes anzunehmen, war sie zutiefst beleidigt, stimmte letztendlich dann aber zu. Ihr Mann, einige Jahre älter, war bereits (leider nur) ein Jahr in Rente, bevor er bei einem tragischen Autounfall ums Leben kam. Die beiden hatten gerade ihre erste große Reise nach Schottland hinter sich und planten einige weitere Urlaube in nächster Zeit. Dann war plötzlich alles anders...

Uta war tatsächlich eine Gefangene ihres Berufes. Dieser nahm ihr letztlich auch ihr großes Hobby, die Musik. Sie spielte in der Kapelle ihrer Stadt und hatte einige Soloauftritte bei Konzerten mit Saxophon und Klarinette.

Es machte ihr lange Zeit Spaß, in diesem Ensemble aufzutreten.

Erst vor wenigen Wochen habe ich in einer Festschrift zum Jubiläum der Stadthalle ein Foto von Uta gesehen aus dem Jahr 1962, auf dem sie mit ihrer Klarinette ein Solostück spielt anlässlich eines Konzertes.

Aber durch die Arbeit, die sie wirklich viel, viel zu ernst nahm, litt dieses Hobby und sie gab es schließlich auf. Das tat mir immer sehr leid.

Auch wenn mein Brief sehr nachdrücklich war, hat er damals bei Uta nichts verändert. Sie blieb sich immer sehr treu und gab ihre Arbeit erst mit Eintritt des endgültigen Ruhestandes auf – stolz die Urkunde zeigend, die sie für vierzig Jahre treue Dienste auszeichnete!

Mir fällt eben ein, dass ich diese Woche in Gengenbach, einer kleinen Stadt nahe Offenburg, genau solch einen Laden sah, wie ich ihn mir damals vorstellte! Er muss noch ziemlich neu sein. Leider war er an diesem Tag geschlossen, sodass ich nur durchs Fenster blinzeln konnte. Drinnen gibt es Wolle und Teekannen und kuschlige Decken – am schönsten finde ich, dass immer donnerstags von 16 bis 18 Uhr offener Stricktreff ist! So, genau so wollte ich es damals haben!

Ich werde demnächst unbedingt dieses Geschäft besuchen.

9. August 1995

Liebe Uta,

er macht noch immer Pause. Unser Freund, der Sommer, hat sich zurückgezogen, um neu aufzutanken, nehme ich an, hoffe ich. Obwohl heute die Sonne nicht schien, hat es doch nicht mehr geregnet. Ab morgen soll es laut Wetterbericht wieder so sein, wie es bis vor drei Tagen war: Blauer Himmel und Sonnenschein überm ganzen Land. Dazu Temperaturen um 28 Grad, Tendenz steigend. Da hoffe ich doch, ab morgen wieder vom gewohnten Platz auf der Terrasse schreiben zu können. Jetzt sitze ich im Teezimmer und hab sogar die Tür nach draußen geschlossen, weil nur zehn Grad Celsius ziemlich frisch sind. Aber ich glaube ganz fest daran, dass er noch nicht vorbei ist, dieser Sommer!
Drei Sachen will ich dir heute berichten, die neu sind.

Als erstes: Der Mond ist wieder da – rund wie ein Ball und gelb wie ein Käse. Schön sieht er aus. Das Mondlicht scheint heute wirklich silbern zu sein, wie das ja auch von vielen Dichtern schon festgehalten wurde. Wenn ich mir überlege, dass er (der Mond) seit Jahrmillionen dem gleichen monatlichen Rhythmus unterworfen ist – unvorstellbar! Jeden Monat nimmt er ab, langsam wieder zu, wird voll, nur um gleich darauf wieder abzunehmen - ist das nicht überwältigend? Naja, ich weiß schon, dass es nicht der Mond ist, der sich verwandelt, sondern dass dies mit der Sonne und dem Erdschatten zu tun hat. Aber es ist trotzdem überwältigend für mich.
In seinem Licht trampelten die Saurier über die Erde, liebten sich die Menschen aller Epochen, wurden

Kriege geführt, Jagden unternommen, Kreuzzüge durchgeführt. Es wurde unter ihm gelacht und getanzt, geboren und gestorben – und so wird es auch bleiben bis zum Untergang der Erde. Warum zieht es mich so an, das Vollmondlicht? Ist es, weil mein ganz persönlicher Zyklus dem seinen so ähnlich ist? Oder weil die Schatten einer Vollmondnacht so beängstigend klar und deutlich sind? Oder ist es die Kraft, nach der auch Ebbe und Flut sich richten? Schöner voller runder Mond, ich huldige dir und unterwerfe mich auch weiterhin der Faszination, die von deinem silbrigen Licht ausgeht!

Das zweite, das ich zu erzählen habe, ist auch schön. Auf meiner Terrasse stehen zwei Blumenkästen, in die ich eine Mischung aus rankenden Pflanzen säte. Es rankt ja schon lange hinter und auch vor dem Balkongeländer, alles in der Einheitsfarbe Grün. Es wächst auch nach oben und in die Breite, kein Grund zur Klage. Aber erst neulich dachte ich, dass dieses Grün doch mal so langsam blühen könnte! Wenn nicht jetzt zu dieser Jahreszeit, bei diesen Temperaturen – wann, bitteschön, dann? Aber ich sagte mir: Hauptsache grün, es gibt Pflanzen, die nicht blühen wollen.

Als ich dann heute meine gesammelten Töpfe und Kästen nach drei Tagen Regen und Wind etwas genauer in Augenschein nahm, was sah ich da? Es blüht! Eine einzelne Blume, nicht sehr groß, guckt aus dem grünen Urwald hervor, mit einem wunderhübschen Gesichtchen: Außen blauviolett, nach der Mitte hin gelb. Sie sieht aus, als lache sie. Ich nenne sie Lilli.

Was mir auffiel: In einem Buch zur Aquarellmalerei las

125

ich mal etwas über Farbenlehre, also, dass jede Farbe eine Kontrastfarbe braucht, um richtig zur Geltung zu kommen. Da stand auch, dass lila oder violett erst richtig zum Leuchten kommt, wenn etwas Gelb in der Nähe ist. Nun frage ich, ob meine Blume dies auch gelesen hat oder hat der Verfasser des Buchs meine Lilli schon gekannt? Sagen will ich hiermit eigentlich nur, dass die Natur einfach perfekt ist. Und wir maßen uns leider immer wieder an, hier einzugreifen, um es besser zu machen. Das gelingt aber zum Glück nicht so oft.

Nun bin ich mal gespannt, ob Lilli alleine bleibt in grüner Umgebung oder ob da vielleicht schon morgen oder eines Tages noch mehr solch freundliche, violett-gelbe Gesichtchen hervorlugen!

Zu guter Letzt und als dritte Neuigkeit möchte ich dir mitteilen, dass meine Schöne-Wäsche-Sammlung heute Zuwachs bekommen hat. Ein zartgelbes, ärmelloses Hängerchen aus Viskose, bis zum Knie reichend, als Nachthemd gedacht.

Am Ausschnitt ist es bestickt und hat ein Band zum ... binden, wollte ich eben sagen, aber dazu sind Bänder ja schließlich da.

Solche Hänger hatte man schon mal in grauer Vorzeit, als ich ein junges Mädchen war, in den wilden Sechzigern.

Nun trägt halt eine wilde Achtundvierzigjährige dieses Gewand. Ich werde es mit auf unsere Reise nehmen, damit du es bestaunen kannst. Vor ein paar Wochen hatte ich dieses Hemdchen im Kaufhaus schon mal in der Hand. Als ich den Preis sah, gefiel es mir plötzlich nicht mehr. Neunundvierzig DM für solch ein kleines Stück Stoff, der nicht einmal wärmt, sondern nur schön aussieht, nein danke.

Nun, im Schlussverkauf, war es zwanzig DM billiger und somit der Kauf vertretbar. Jetzt werde ich ins Bett gehen und dazu ein altes, weites, ganz bequemes T-Shirt anziehen, um mein Viskose-gelbes noch etwas zu schonen.

Ich sag dir: schlaf wohl!
Deine Maria

Atempause

Der Sommer
hat sich
schlafen gelegt

Unter dicken nassen grünen Graskissen
schöpft er neuen heißen Atem

Träumt
vom glutvollen Kuss
der Augustsonne
die ihn weckt

Bald -
vielleicht schon morgen

Dezember 2022

Gerade eben hatten wir Vollmond. Ich bete ihn nicht an und huldige ihm auch nicht mehr, so wie ich damals schrieb. Dafür gibt es inzwischen einen ganz einfachen Grund: Vollmond macht mich schlaflos!

Zweifelsfrei sieht er sehr schön aus, so rund und prächtig am Himmel stehend. Seine Wirkung auf Mensch und Natur ist inzwischen noch mehr bewiesen. Einen Mondkalender zu besitzen und nach diesem verschiedene Tätigkeiten zu verrichten, ist wieder angesagt. Obwohl das ja vor Urzeiten schon praktiziert wurde.

Neu ist lediglich, dass man inzwischen bei manchen Frisören einen speziellen Termin ausmachen kann, wenn der Mond günstig für den Haarwuchs bzw. Haarschnitt steht. Wann genau das ist, weiß ich nicht. Es wäre hier „aufm Land" auch ziemlich schwierig, einen Friseur zu finden, der in Vollmondnächten Dauerwellen legt!

Wie sag ich immer? Wenn man nur alt genug wird, wiederholt sich so manches in Leben. Sei es altes Wissen, das wieder hervorgekramt wird oder auch die Mode.

Ich selbst würde abends lieber bei Dunkelheit spazieren gehen als im Vollmondlicht. Ich mag es immer noch nicht, wenn die Schatten der Gegenstände so scharf gezeichnet im Mondlicht liegen oder stehen. Es macht mir einfach Angst.

Da ich keine Jalousien an meinem Schlafzimmerfenster habe, ziehe ich wenigstens die Vorhänge zu, wenn es mal wieder soweit ist und mich das runde, strahlende Gesicht von Mr. Moon vom

Schlafen abhält.

Ich werde nie eine Gärtnerin sein! Bin froh, keinen Garten zu haben, denn Arbeit, die mit Anfassen von Erde zu tun hat, macht mir überhaupt keinen Spaß. Damals, als ich noch verheiratet war, gab es immer mal das eine oder andere in unserem relativ großen Garten zu tun. Aber für umgraben, anpflanzen, jäten und dergleichen war mein Mann zuständig. Dem machte das erstens Freude und zweitens konnte ich es ihm nie recht machen. Er wusste immer alles besser als ich. Deshalb habe ich mich schon recht früh von dieser Arbeit ausgeklinkt. Ernten und die Schätze der Natur zu verarbeiten war dann wieder meine Aufgabe. Mein Mann hatte allerdings die Art an sich, Tütchen mit Samen nicht zu teilen, sondern alles komplett auszusäen. Naja, manchmal – selten – ging die Saat nicht oder nur wenig auf. Dann gab es eben nicht viel Karotten oder Gurken.

Aber in anderen Jahren hatte er Erfolg und gefühlt jedes Samenkorn vermehrte sich nicht nur einmal, sondern ohne Ende. So war es einmal mit Roten Beeten. Damals suchte ich verzweifelt nach Rezepten, wie man diese außer zu Salat noch verarbeiten kann. Wir aßen Rote Beete als Gemüse bis zur Verzweiflung! Denn es musste ja alles verwertet werden. Da war er sehr streng. Ein Schwabe eben.

Mit Blumen war es auch ein Drama. Wir hatten viele Blumenkästen am Haus, meistens mit Geranien. Da mein Mann damals Lebensmittel für einen großen Discounter fuhr, konnte es durchaus sein, er brachte die armseligen Gewächse, die der Supermarkt entsorgte, zu Dutzenden mit nach Hause. „Wir geben ihnen eine Chance", waren dann seine Worte. Oft hatte er Erfolg mit der Errettung der Elenden. Aber während ringsum bei den Nachbarn die Blütenfülle in den Kästen unaufhörlich wuchs, brauchten seine „Stiefkinder" oft sehr lange, um nach etwas auszusehen. Ach Helmut, manchmal vermisse ich dich schon sehr!

Mir geht es heute noch so, dass ich nie Schnittblumen stehen habe. Natürlich bekomme ich ab und zu auch einen Strauß geschenkt, aber ich kann mich einfach nicht daran erfreuen. Der Begriff „Blumen beim Sterben zusehen" ist vielleicht zu hoch gegriffen, aber ich mag Blumen wirklich nur, wenn sie irgendwo wachsen dürfen und nicht geschnitten werden. Ich erinnere mich, dass mein Vater ebenso dachte. Das hat sich wohl auf mich übertragen.

11. August 1995

Liebste Freundin,
es ist direkt bedrohlich, wie es heute Abend um mich herum ausschaut. Ganz dunkelgrau-violettes Gewölk ballt sich zu Riesenbündeln zusammen. Auf der Ostseite des Himmels spielen Schäfchenwolken mit dem Wind, aber das Dunkel nimmt nun überhand. Man kann also davon ausgehen, dass das Gewitter, welches in der Ferne schon grummelt, auch zu uns kommt. Es war heute wieder ein richtig heißer Sommertag wie letzte Woche und all die Wochen zuvor, aber gegen Abend fast zu schwül.
Diese Ruhe vor dem Sturm, wenn sich etwas anbahnt, alles die Luft anhält und wartet! Dann, wenn die Spannung am höchsten ist, passiert es: irgendetwas. Heute werden es Donner und Blitz sein. Doch ich bleibe solange standhaft hier draußen, bis mir die Regentropfen die Tinte verwischen.

Nun muss ich dich einfach mal fragen: Findest du meine Briefe unterhaltsam, gut, amüsant, zu belehrend, gar langweilig? Denkst du, dass sie auch für andere Frauen interessant sein könnten? Soll ich versuchen, sie zu veröffentlichen? Ich selbst bin der Meinung, dass es nicht schlecht ist, was ich da zu Papier bringe. Es wurde sicher schon weitaus Niveauloseres gedruckt, das über die Ladentheke einer Buchhandlung ging (meiner bescheidenen Meinung nach). Darum will ich versuchen, nach Abschluss dieser Epoche, dieses Sommers, einen Verleger zu finden, der sich meiner Zeilen annimmt.
Schreiben war für mich schon immer ein angenehmer Zeitvertreib. Heute würde ich sagen, dass es wie eine

Therapie ist. Ich glaube, meine innere Zufriedenheit zu einem Großteil diesen Briefen an dich (oder ja letztendlich an mich selbst) zu verdanken. Geschriebene Gedanken sind greifbarer, näher da, sind abrufbar, werden nicht so schnell vergessen. Eigentlich sollte jeder Mensch, der mit sich selbst uneins ist, versuchen zu schreiben. Aber es gibt eben welche, die es nicht können und dafür lieber malen oder tanzen. Auch so kann man sich befreien aus des Alltags Mühle. Was ist es schon für ein schönes Gefühl, vor sich reines, weißes oder auch farbiges Papier liegen zu haben! So leer, so unberührt stapelt es sich vor dir. Du bekommst nun fast nochmals die Möglichkeit, dein Leben neu und unverbraucht vor dir zu sehen. Wie es (das Papier? Das Leben?) gefüllt wird, bleibt dir überlassen. Ist es mit dem Leben sehr viel anders? Nein.

Dann der Stift, mit dem du schreibst. ER ist dazu ausgewählt, deine Gedanken, Ideen, Vorstellungen direkt von deinem Gehirn her aufzuzeichnen.

Er ist das Wichtigste überhaupt. Denn was nützen all deine guten Gedanken, das weißeste Papier, wenn du keinen Stift hast? Ich selbst schreibe mit Füllhalter. Er liegt gut in der Hand, und die Schrift ist ordentlicher als mit Kugelschreiber. Schließlich soll man ja auch noch viel später lesen können, worüber man geschrieben hat.

Schon damals in der Schule durfte ich meine Aufsätze meistens vorlesen, weil sie der Lehrer gut fand. Viel schreiben und noch mehr lesen, das hat meine Mama immer unterstützt. Sie meinte, durch das Lesen erhält man eine gute Rechtschreibung und lernt bessere Ausdrucksformen. Sie hatte recht.

Ich hatte Brieffreunde überall, denen ich begeistert

schrieb, sogar in Englisch, nach einem Wörterbuch. Später schrieb ich viele Jahre lang ebenso begeistert Tagebuch. Einmal, so erinnere ich mich jetzt gerade, habe ich sogar ein Krippenspiel verfasst. Ich muss damals etwa 13 Jahre alt gewesen sein. Ob es je aufgeführt wurde, weiß ich nicht mehr. Ich kann mich nur noch an die Proben erinnern. Ich war ja gleichzeitig auch Regisseurin, aber das hat niemand so richtig ernst genommen!

Dann, so mit achtzehn oder neunzehn Jahren, schrieb ich erste Gedichte. Danach tat sich ganz lange nichts mehr. Es gab nur noch Geburtstagsverse, die die Kinder dem Papi oder den Großeltern aufsagen mussten.

Im Jahr 1983 fing ich dann intensiver zu schreiben an. Das waren Gedichte, die auch in Zeitschriften veröffentlicht wurden. Mein erstes Büchlein, selbst getippt, in einer Druckerei kopiert und geheftet, hieß „Gedanken zwischen Tag und Traum".

Mittlerweile sind meine Gedichte tiefer, gefühlvoller geworden. Ich nenne meine neue Sammlung „Gefühle pur". Eine Auswahl findest du ja hier hinter den Briefen.

Manchmal schreib ich monatelang überhaupt nichts. Dann wieder bin ich von irgendwas oder jemandem so begeistert und beeindruckt, dass „es in mir schreibt". So nenne ich es, wenn ich fast ohne mein Zutun seitenweise Lyrik oder Poesie aufs Papier bringe. Es schreibt tatsächlich etwas in mir, aus mir heraus. Manchmal bekomme ich Gänsehaut, wenn ich das Geschriebene lese. Dann frage ich mich wirklich, wo ich die Worte hernehme, die Redewendungen, die Reime. Keine Ahnung. Man hat's oder man hat's nicht...

Glücklicherweise habe ich dieses Talent, das mir Gott mitgegeben hat. Darum muss ich es auch nutzen. So verarbeite ich Freude und Traurigkeit, Wut,

Hoffnungund Enttäuschung, Erfahrungen und Träume zu Gedichten, mal mit, mal ohne Reim. Es tut mir gut.

Nach meiner neu erstellten Lebensphilosophie ist alles, was mir guttut und niemandem schadet, richtig für mich.

Diese Briefe an dich sind mein erstes zusammenhängendes Werk. Ich wünsche mir, dass es anderen auch gefällt und vielleicht den einen oder anderen Anstoß gibt, etwas bei sich zu verändern.

Ich könnte mir gut vorstellen, mit dem Schreiben fortzufahren. Vielleicht zeichne ich die Geschichte meiner Familie auf oder ich schreibe Märchen für Erwachsene. Etwas in dieser Art erträume ich mir.

So stelle ich mir meine Tage in Zukunft vor: Ein paar Stunden gewerbliche Arbeit, ein paar Stunden Hausarbeit, ein paar Stunden schreiben. Ob es so wird, wird sich zeigen.

Morgen werde ich mit dir über eine faszinierende Frau reden – nein, keine Angst, nicht über mich!

Ich wünsche dir einen ganz schönen Traum heut Nacht!

Deine Maria

Inferno

Ganz plötzlich verstummen die Vögel
Bange Erwartung macht sich breit

Die Hitze steht wie eine feuchte Mauer

Dunkle Wolken
drohen den Himmel
mit ihrer geballten Schwärze
zu ersticken

Erste Blitze
zucken über den Wald
Das Grollen des Gewitters
kommt näher

Schwere Regentropfen
klopfen vereinzelt an die Fenster
Verdichten sich schnell
zu einem undurchsichtigen Schleier
hinter dem die Welt verschwindet

In der dunklen Stube
brennt die Wetterkerze auf dem Tisch

Leise tickt die Uhr
Ansonsten gespenstische Stille im Raum

Da –
nach Stunden oder nur Minuten? –
lässt das unbändige Rauschen des Regens nach
zieht sich der Donner langsam zurück

Wetterleuchtet es
durch das Viereck des Fensters

Im Westen wird der Himmel hell

Langsam ganz langsam
zittern Sonnenstrahlen durch das Dunkel
Verlocken einen Regenbogen
seine bunte Brücke zu bauen

Das Nass
verdampft auf der Straße

Die Erde atmet auf
dankbar für den belebenden Guss

Jetzt
singen auch die Vögel wieder

Dezember 2022

Endlich darf ich übers Schreiben schreiben! Mein liebstes Hobby nach wie vor. Inzwischen nimmt es einen hohen Stellenwert in meinem Leben ein. Das, wovon ich im vorigen Brief sagte, dass ich einen Teil meiner Zeit schreibend verbringen möchte, hat sich nun erfüllt.

Ich sitze am Schreibtisch und schaue auf die Bahnhofstraße, die immer dann ziemlich stark von Fußgängern frequentiert wird, wenn ein Zug ankommt. Das ist im Winter einmal pro Stunde. Die Züge der Schwarzwaldbahn von Karlsruhe nach Konstanz und umgekehrt treffen hier ein mit nur ein paar Minuten Zeitdifferenz und begegnen sich oft noch direkt im Bahnhof.

Im Sommer fährt zusätzlich noch die Ortenau-S-Bahn von hier bis in den nächsten Ort, weil an der Strecke ein ganz bekanntes und deshalb auch gut besuchtes Freilichtmuseum liegt. Direkt dort ist ein Halt eingerichtet worden, allerdings nur für die S-Bahn. Der Regio hält an dieser Stelle nicht.

Seit ich kein Auto mehr habe, nutze ich Bahn und Bus und bin froh, nahe am Bahnhof zu wohnen.

Vom Schreiben zur Abfahrt der Züge – das ist Schriftstellerei! Man schweift ab, fügt ein, lässt weg, solange, bis man zufrieden ist.

Und ich bin sehr zufrieden, weil ich weiß, dass ich etwas zu sagen habe, das anderen Menschen vielleicht von Nutzen sein kann. Das ist die eine Komponente. Die andere ist, dass es mir selbst große Freude macht, etwas zu Papier zu bringen.

Diese Hommage an Uta, die gerade entsteht, wird mein viertes veröffentlichtes Buch sein. Ich startete im Jahr 2000 mit dem Gedichtband „Gefühle pur", damals noch unter meinem Ehenamen. Das zweite Buch mit meinen Afrika-Erlebnissen unter dem Titel „Matoke, Mangos und Moskitos" erschien 2018, der weitere Gedichtband „Herzgefährten" dann 2020. Ich bin also schon eine einigermaßen fleißige Schreiberin. Wenn ich mit den „Sommerbriefen" fertig bin, kommt nochmals eine Gedichtsammlung dran. Über den Titel bin ich mir noch nicht ganz schlüssig: Entweder etwas mit „unterwegs" oder etwas, das „mit der Fülle in mir" zu tun hat.

Und seit heute früh geistert noch ein Projekt durch meinen Kopf: so etwas Ähnliches wie ein Gebetbuch. Ich schreibe meine Morgenmeditation, die ich bisher immer aus dem Herzen gesprochen habe ohne Vorlage, nun auf und das wird auch veröffentlicht – ich hoffe doch, dass mir so viel Zeit noch gewährt wird hier auf Erden!

Man darf also gespannt sein!

Heutzutage ein Buch zu veröffentlichen ist keine große Sache. Ich mache es so, dass ich meine Texte direkt in den PC eingebe. Die Gestaltung der Vorder- und Rückseite mache ich selbst. Dann sende ich alles online an BoD (Book on Demand), das ist ein self-Publishing Verlag. Dieser schließt mit mir einen Vertrag ab, in dem die Rechte usw. geklärt sind. Von dort wird auch die ISBN-Nummer vergeben und das Buch wird in der Deutschen Nationalbibliothek eingestellt, wo jedes Buch hinterlegt sein muss.

Meist innerhalb von zwei Wochen bekomme ich das Belegexemplar, das ich nochmals verbessern kann.

Die Bücher werden als Print-Fassung und als e-book vom Verlag angeboten und sind online oder in jeder Buchhandlung zu bestellen und werden innerhalb von zwei Tagen geliefert. Sie werden also auf Anforderung gedruckt. Dafür bezahle ich dem Verlag zweihundertfünfzig Euro. Allerdings mache ich das Lektorat selbst. Dieser Betrag ist für das Vorhalten der Daten und das Drucken bei Bedarf. Außerdem stellt BoD das Buch in seinen Katalog. Das Lektorat mache ich selbst.

Es gibt Verlage, die gnadenlos viel Geld verlangen, in der Gestaltung schlecht sind und die Autoren ziemlich alleine lassen, ja, regelrecht abzocken. Hier wird oft richtig zugelangt. Also bitte Vorsicht!

Natürlich kann ich auch direkt meine Bücher zum Einkaufspreis beim Verlag bestellen und diese dann auf Lesungen selbst verkaufen. Ich erhalte für jedes verkaufte Exemplar einen Obolus, den ich vierteljährlich ausbezahlt bekomme. Darüber freue ich mich immer; nicht über die Summe, um die es sich handelt, sondern weil es mir sagt, dass ich gelesen werde! Reich werden kann (und will) ich damit nicht, ich bin ja nicht Charles Dickens oder Thomas Mann. Aber immerhin kann ich aus dem Erlös ab und zu etwas nach Uganda schicken, womit Menschen ein wenig geholfen werden kann. Eigentlich ist allen geholfen: dem Leser, dem Verlag, der Autorin.

Und deshalb – so hoffe ich wenigstens – werde ich noch lange nicht aufhören zu schreiben, denn ich habe noch viel zu sagen!

Eben fällt mir ein, dass die große Liebe zum Lesen und somit zu Büchern (letztendlich also auch zum Schreiben) schon ganz früh auch außerhalb des Elternhauses begann.

In meinem Dorf wurde eine Pfarrbücherei eingerichtet, als ich so etwa dreizehn oder vierzehn Jahre alt war. Der damalige Vikar schien mein Potential zu erkennen, denn ich durfte mit ihm zur Herder-Buchhandlung nach Freiburg fahren, um Bücher einzukaufen. Diese haben wir dann katalogisiert, eingebunden und verliehen. Für dies alles war ich zuständig.

Erst war diese Mini-Bücherei in der Sakristei untergebracht, später dann in einem extra Raum in den Katakomben der Kirche. Diese Arbeit hat mir sehr große Freude gemacht.

Und diese Freude empfinde ich immer noch bzw. wieder, weil ich in einem von zwei Teams tätig bin, die einmal wöchentlich eine kleine Bücherei betreuen. Sogar im selben Ort, wo ich einst meine Bibliothekars-Karriere begann, nur etwa hundert Meter weiter vom damaligen Ort, diesmal im evangelischen Gemeindehaus.

Unser ganzer Stolz sind die vielen Kinder (oder deren Eltern), die unser Angebot gerne annehmen. Oftmals kommen sie schon mit knapp 2 Jahren, um Bilderbücher auszusuchen, damit die Mama oder der Papa vorlesen kann.

So fördert man das Lesen und damit die Phantasie der Kinder und vielleicht, nein, ganz sicher, auch das Schreiben. Möglicherweise wird bei dem einen oder der anderen sogar eines Tages mehr daraus und es werden eigene Bücher geschrieben. So wie bei mir.

14. August 1995

Liebste Uta,

draußen zu sitzen in frischer Luft, unterm etwas bewölkten Himmel – die Abende, an denen dies noch möglich ist, sind gezählt. Es wird nach dieser Abkühlphase sicher noch mal warm werden, aber ich für mich glaube, dass der Großteil dieses Sommers vorbei ist – du weißt, was das bedeutet? Nicht dran denken, noch ist es nicht soweit. Über den sich zurückziehenden Sommer habe ich heute ein Gedicht gemacht, es heißt „Leises Ahnen" und du wirst es am Ende meines letzten „Hochsommerbriefes" lesen können. Ich muss mir einen Umhang holen, kurzärmlig ist es mir doch zu frisch hier draußen. Diese breiten Umschlagtücher, früher nannte man sie ja Stola und trug sie eigentlich nur am eleganten Abend, mag ich gerne. Meines ist selbst gestrickt, wärmt gut und lässt sich sehr bequem tragen, gerade in der Übergangszeit von warm nach kalt oder umgekehrt. Soll ich auch eines für dich machen? Du weißt ja, wenn ich nicht schreibe, dann stricke oder häkle ich, meine Hände brauchen ständige Beschäftigung. Ich habe viele Wollreste, die geben zusammen bestimmt einen schönen, breiten Schal für deine Fernsehabende!

Heute ist mir etwas sehr Schönes passiert: Eine Kundin, ehemals Nervenärztin, fragte mich, was mit mir geschehen sei. Ich hätte seit einigen Wochen eine solch greifbare, positive Ausstrahlung, die sie in Erstaunen versetzen würde. Von mir würde große Gelassenheit und Ruhe ausgehen, die direkt zu spüren und zu sehen sei. Ich habe ihr dann erzählt, dass ich dies selbst auch spüre und dass ich vollkommen im Reinen mit mir selbst bin.

Siehst du, Uta, siehst du: nicht nur ich bemerke es, sondern auch andere. Wie ich mich darüber freue! Genau so wollte ich sein: souverän, im Gleichklang von Körper und Seele. Und ich habe es geschafft! – ich habe es tatsächlich geschafft! Ich danke Gott, dass ich diesen Zustand erreicht habe, dass er mir dies alles zuteilwerden ließ. Er öffnete mich, gab mir Geduld mit mir selbst und dazu die Erkenntnis, dass ich mich jetzt und gerade jetzt auf mich selbst konzentrieren und mich vor allem kennen lernen muss.

Mit dieser Frau, die ich selbst bin, habe ich mich auseinandergesetzt wie zuvor wohl mit keinem Menschen.

Ich habe schonungslos meine Fehler und Schwächen aber auch meine liebenswerten Eigenschaften erkannt und gelernt, damit umzugehen.

Genauso wollte ich als reife Frau sein: Gut zu sich selbst und anderen; bestimmt, aber nicht bestimmend; zu Falten und Figur stehend und etwas zu vermitteln, nämlich Stärke, Kraft, Persönlichkeit. Ich weiß nicht mehr, ob ich es vielleicht schon in einem meiner Briefe erwähnte, aber ich kenne einige Leute, die mir immer wieder sagen, dass sie sich in meiner Gegenwart wohlfühlen, durch meine Nähe auftanken können; dass ich ihnen Kraft geben kann und sie einfach gern mit mir zusammen sind. Das ist wunderbar und freut mich. Aber das für mich Wesentlich ist etwas anderes, nämlich glaube ich, dass es auf das „ich", meine Mitte, in der der göttliche Funke sitzt, ankommt. Diesen Funken, den Gott in jedem Menschen entzündet als

143

Zeichen, dass er uns seinen Atem eingehaucht hat, zu bewahren, nicht verlöschen zu lassen, ihm immer wieder neue Nahrung zu geben – das ist mein Credo. Ganz wichtig ist dabei (ich muss es immer wieder betonen) die Zeit, die ich für mich habe, mit mir verbringe. Nur dadurch, dass man mit einem Menschen Zeit verbringt, lernt man ihn kennen und auch schätzen. Das trifft auch für die Zeit mit sich selbst zu.

Mir ist dazu eine kleine Lebensweisheit eingefallen, die zwar in keinem Kalender oder Buch steht, weil ich sie mir ausgedacht habe, aber ich gebe sie gern an dich weiter: „Zeit mit mir bedeutet, sie nicht in den Händen zerrinnen zu lassen, sondern sich ihr hinzugeben und mit ihr zu fließen."

Verstehst du, was ich damit ausdrücken will? Ich kann es nicht anders definieren, Uta, du musst halt auch mal bissel denken! Oder bist du noch nicht bereit dazu, es so zu versuchen wie ich? Hab Mut und probiere es einfach, du hast doch nichts zu verlieren!

Nun vertröste ich dich schon wieder und sage dir, dass ich von der faszinierenden Frau, die mein Leben noch heute beeinflusst, morgen Abend erzählen werde.

Du bist sicher gespannt, wer diese Frau sein könnte. Ich verrate dir schon mal ihren Namen, mit dem du zwar nichts anfangen kannst, aber es ist mir ein Bedürfnis, ihn jetzt gerade geschrieben vor mir zu sehen: Pelagia Oszczak geb. Josefiak. Morgen lösen wir das Rätsel.

Hab bis dahin Geduld und schlaf gut!

Deine Maria

Getrocknete Tränen

Als kleines Kind
weinte ich oft
vor Hunger und Angst

Als junges Mädchen
aus Liebeskummer
und Verlassenheit

Als erwachsene Frau
aus Enttäuschung und
Unverstanden sein

Eines Tages
trocknete GOTT selbst meine Tränen
und legte
Klarheit in meinen Blick

Manchmal weine ich auch heute noch:

Aus übervollem Herzen
Tränen der Freude
des Glücks
und der Dankbarkeit

weil ich mein Leben

in SEINEN guten Händen weiß

Januar 2023

Ich habe für Uta damals tatsächlich ein Dreieckstuch gestrickt, in Weiß. Sie hat es nie als Wärmequelle benutzt, aber sie hatte es dekorativ über die Rückenlehne ihres Sofas gebreitet, auf dem sie immer saß.

Seither habe ich einige Tücher und auch Stolen gehäkelt oder gestrickt. Im Moment habe ich gerade wieder zwei davon in Arbeit. Häkeln ist nach wie vor mein größtes Hobby (Bücherschreiben ist ja kein Hobby, sondern Arbeit!), es beruhigt, fördert die Konzentration und lässt Schönes entstehen. Ich habe immer mehrere Objekte gleichzeitig in Arbeit. Das bringt Abwechslung in die Handarbeitsstunde. Dumm wird's nur, wenn ich mich nicht mehr an das angefangene Muster erinnern kann, wenn ein Teil länger rum liegt...

Gerade während der zurückliegenden strengen Corona-Zeit, in der man die meiste Zeit daheim verbringen musste, habe ich mich natürlich – wie auch teilweise vor beinahe dreißig Jahren schon – voll und ganz auf mich konzentriert, notgedrungen. Da war Handarbeiten eine willkommene Abwechslung, auch zum Nachdenken.

Wohin auf einmal mit der vielen Zeit? Wie sie nützlich verbringen? Was tun, um nicht in Depressionen zu fallen, um nicht zu vereinsamen? Es war wirklich keine schöne Zeit.

Aber ich für mich kann sagen, dass ich gut zurechtgekommen bin. Ich glaube, ich bin psychisch ziemlich stabil. Ich war nie in Gefahr, einsam zu werden. Natürlich, wenn man sich mit sich selbst beschäftigt, muss man auch lernen, sich selbst auszuhalten. Bei ehrlichem Nachdenken kommen ja auch Seiten an einem zutage, die man nicht so gerne sieht und lieber ruhen lässt. Das sind sozusagen unsere dunklen Stellen. Aber ist das nicht auch eine Chance, sich wirklich nochmal oder überhaupt zum ersten Mal neu zu entdecken, wahrzunehmen, zu spüren, lieb zu haben? Mir ist das geglückt.

Für Uta wäre diese Zeit des totalen Rückzuges, wie er von uns verlangt wurde, sehr, sehr schwer zu verkraften gewesen. Sie lebte sowieso schon sehr zurückgezogen, weil sie ihre leichte Behinderung, die sie nach einem Schlaganfall hatte, als persönlichen Feind ansah und nicht annehmen konnte. Sie brauchte für ihre Mobilität zur Sicherheit einen Rollator. Hinzu kam ein zeitweises unkontrollierbares Zittern ihrer rechten Hand. Diese Makel wollte sie niemandem zumuten und hat deshalb kaum Besuch empfangen. Sie wurde launisch und unzufrieden, auch ungerecht, und haderte sehr mit ihrem Schicksal.

Als ich aus Afrika zurückkam, bin ich aus diesem Grund ganz in ihre Nähe gezogen, um sie öfters besuchen zu können und auch das eine oder andere Machbare mit ihr zu unternehmen. Zu diesen kleinen Unternehmungen musste sie regelrecht gezwungen werden, ob es nun ein kleiner Spaziergang war oder ein Konzertbesuch. Sie schämte sich ihrer Krankheit und hatte das Gefühl, alle Menschen würden sie anstarren. Das war sehr, sehr schade.

Am wohlsten fühlte sich Uta in ihrer Wohnung. Sie lebte in einem sogenannten „Betreuten Wohnen", hatte aber keinerlei Kontakt zu den anderen

Bewohnern des Hauses. Wir waren insgesamt drei Freundinnen, die sie ab und zu besuchten (besuchen durften, muss man sagen). Ich selbst am häufigsten. Durch mein optimistisches Wesen brachte ich sie oft zum Lachen. Sie meinte öfters, dass ich ihr guttue. Wir hatten eine wirklich schöne Zeit zusammen und ich bin dankbar für die beiden Jahre, die ich noch in ihrer Nähe verbringen durfte.

15. August 1995

Liebste Uta,

heute bin ich schon ganz früh da, es ist noch nicht mal 19 Uhr. Die Sonne scheint noch. Zwar weht ein lebhafter Wind, der das Gewitter, das drohend über uns stand, erfolgreich vertrieben hat, aber es ist dennoch sehr angenehm hier draußen. Nur noch zwei Wochen, dann ist auch der August wieder Vergangenheit. Noch nie habe ich Sommerabende so intensiv erlebt wie dieses Jahr, ich sagte es ja schon. Mein Füllhalter schreibt heute lila. Wusstest du, dass es violette Tintenpatronen gibt? Ich nicht! Darum habe ich auch gleich welche gekauft und mein Handwerkszeug entsprechend ausgetauscht. Es macht sich gut, und ich weiß auf Grund der Farbe gleich, dass dies der einundzwanzigste Brief an dich ist. Mehr als zwanzig Briefe in sechs Wochen, das sind pro Woche im Schnitt 3,5 oder so. Ich bin mit der Ausbeute zufrieden – und du?

Diese Briefe der vergangenen Wochen, das sind mehr, als wir uns seit Beginn unserer Freundschaft geschrieben haben. Doch bin ich froh, dass ich sie schrieb, weil sie auch, wie gestern schon gesagt, ein wesentlicher Schritt auf dem Weg zu mir selbst waren. Briefe sind heutzutage selten und kostbar. Ich hebe alle privaten Briefe auf, um vielleicht einmal, wenn der Absender tot ist, noch eine Erinnerung an ihn zu haben. Besonders wichtig ist das wohl bei Menschen, die einem sehr nahestehen, also den Eltern oder Geschwistern, denke ich mir. Mama hat auch noch sehr viele Briefe ihrer Mutter. Manchmal schöpft sie daraus Frieden und Kraft für ihren Alltag. Die Briefe meiner Großmutter – ich sehe sie noch

genau vor mir: In ihrer wunderschönen Sütterlin-
Handschrift schrieb sie inhaltsschwere Zeilen, erzählte
von ihrem Jetzt und vergaß nie, uns zu ermahnen, zu
Gott zu beten und ihm für seine Wohltaten zu danken.
Meine Oma lebte in Borna bei Leipzig, zu Zeiten der
geschlossenen Grenzen, als es noch ein Wagnis war, in
die DDR zu reisen. Briefe und Päckchen waren die
einzige Verbindung von und zu Familienangehörigen.
Es war immer ein besonderer Tag für uns, wenn ein
Brief von Oma kam. Erst schrieb sie von ihrem Leben
mit Opa, dann, als er gestorben war, von sich. Bis in ihr
hohes Alter waren die Briefe sehr, sehr ausdrucksstark
und ohne Rechtschreibfehler. Dann blieben sie aus.
1978 verstarb sie, mit reichlich mehr als achtzig
Jahren. Ich habe sie leider nur zweimal gesehen. Das
erste Mal besuchte sie uns zusammen mit Opa, als ich
sieben Jahre war. Als ich einundzwanzig war, fuhren
Mama und ich für zehn Tage zu ihr zu Besuch.

Ihr Leben war hart. Fünf Kinder brachte sie zur Welt,
eines starb schon nach der Geburt.
Opa war lange arbeitslos. Später arbeitete er beim
Aufbau der Reichsautobahn und war meistens
wochenlang abwesend von zu Hause. Sie hatten Ende
der 1920er-Jahre ein Haus gebaut, das sie mühsam
abbezahlten. Eine kleine Landwirtschaft war auch
noch zu versorgen. Es war damals in Schlesien üblich,
beim Gutsherrn auf dem Dominium noch
mitzuarbeiten. Auch dies tat Oma ohne Murren
zusätzlich zu ihrer anderen Arbeit für die Familie.
Oftmals musste sie vom Feld heimgetragen werden,
weil sie sehr stark unter Migräne litt. Sie war eine
einfache Frau. Dennoch hatte sie sie fast etwas Adliges

an sich. Auf Fotos mit ihrer Familie sieht es immer ein bisschen so aus, als hielte sie Abstand, als würde sie nicht ganz dazu gehören. Ihr größter Wunsch in ihren jungen Jahren war es, Lehrerin zu werden. Leider fehlten dazu nach dem ersten Weltkrieg alle Voraussetzungen. (Das wäre auch mein Traumberuf gewesen, erzähl ich dir ein anderes Mal.)

Mama spricht oft vom unerschütterlichen Gottvertrauen meiner Oma und davon, was für geschickte Hände sie hatte. Sie konnte sehr gut nähen, auch einige von ihr gestickte Deckchen, die ich natürlich hege und pflege, befinden sich noch in meinem Besitz.

Als der Krieg dann langsam seiner Niederlage entgegenging, musste Großmutter flüchten: mit zwanzig Kilogramm Gepäck, einer Tochter und deren Baby im Kinderwagen. Von Schlesien, woher die Familie meiner Mutter stammt, kamen die drei Geflüchteten in die Nähe von Leipzig. Hier fand Oma auch den Großvater wieder. Beide lebten dort bis zu ihrem Tod.

Als wir 1968 bei ihr zu Besuch waren, war Oma hoch in den Siebzigern, doch von ungebrochener Lebhaftigkeit. Am meisten begeisterten mich ihre Hände. Die Gestik, über die diese schmalen, abgearbeiteten Finger verfügten, war überwältigend. Selbst heute noch habe ich ihre Handbewegungen vor Augen.

Mama ist ihrer Mutter sehr ähnlich, aber ich soll angeblich noch mehr von ihr haben, wie Mama immer betont.

Ich glaube das auch. Meine Ausdrucksfähigkeit, das Talent für Handarbeiten aller Art, das Schreiben und nicht zu vergessen die Migräne – all das ist ein Erbe meiner lieben Oma.

Für mich ist dieser Gedanke sehr schön, dass sie ein bisschen in mir weiterlebt (und so ist es auch bei uns und unseren Kindern, schön, nicht?).

Eines habe ich nicht von ihr geerbt, worüber ich sehr froh bin: Dadurch, dass sie sehr sensibel war, hatte sie manchmal Vorahnungen, die sich auch oft bewahrheiteten. So konnte sie mitten in der Nacht zum Bahnhof laufen und auf den Zug warten, weil sie sich einbildete, eines ihrer Kinder könne nach Hause kommen. Mama erzählte, dass ihr Gang meist nicht vergeblich war.

Ja, meine Oma! Ich denke voll Liebe an sie und bin mir sicher, dass sie auf mich schaut, mir ihr liebes Lächeln schenkt und, ohne dass ich es merke, sanft über mein Haar streichelt und sich in mir wiederfindet. Danke, Oma, für deine Gaben und Talente, die in mir weiterleben!

Und wenn du, liebe Uta, meinst, ich werde dich heute nochmal hinhalten und dir über die Frau, von der ich gestern sprach, wieder nichts erzählen, dann liegst du völlig falsch.

Meine Großmutter hieß Pelagia (kommt aus dem Griechischen) Oszczak und war eine geborene Josefiak. Sie stammte aus Freyhan im Kreis Militsch bei Breslau in Schlesien und sie war eine faszinierende Frau! Wenigstens für mich.
Gute Nacht!
Deine Maria

Heimkehr

Bin einfach von meiner Familie weg
Habe mich von meinen Pflichten beurlaubt
und bin heimgekehrt
zu euch Vater und Mutter

Genieße euer Umsorgen Verwöhnen
Gehöre ein paar Tage ganz euch
Fühle mich geborgen
wie selten seit meiner Kindheit
Spüre eure große Liebe

Stunden –
ausgefüllt mit
lachen reden erzählen

Weißt du noch, damals, als…?
Erinnert ihr euch an…?
Ach war das schön früher!

Im Erinnern leben
das Heute ausblenden

Bin euer Kind
will es auch so gerne bleiben
und kann es doch nicht mehr sein

Denn zwischen Kindheit und Heute
liegen nicht nur Jahre

Dazwischen liegt mein Erwachsensein

Februar 2023

Briefe sind in unserer Zeit wirklich selten geworden. Die neuen Medien wie email und WhatsApp haben sie anscheinend überflüssig gemacht. Ich selbst bevorzuge diese Medien ebenfalls, weil es vor allem eine schnelle Möglichkeit der Kommunikation ist. Gerade für mich, die ich auch noch immer viele Kontakte nach Afrika habe, ist dies auch kostengünstig.

Aber natürlich geht nichts über einen persönlichen Brief!

Schade, dass die Kultur des Briefe-Schreibens verloren ging. Und generell die Kultur der Sprache. Es ist alles so zweckdienlich geworden, so schnell, kurz und knapp. Die Zeit für schöne Worte scheint vorbei zu sein. Dabei ist gerade unser Deutsch voll davon!

Natürlich dürfen wir in der Entwicklung nicht stehen bleiben. Der Zeitgeist ist eben so. Keiner soll mehr so schreiben wie Uhland, Mörike oder Eichendorff. Das war eine andere Zeit. Die Gedichte der Genannten klingen auch mir manchmal fremd in den Ohren, weil niemand mehr so spricht. Dennoch sind es Klassiker, gehören zu unserem Kulturgut und dürfen deshalb nicht verloren gehen.

Ich finde das Spielen mit unserer Sprache sehr reizvoll.

Vor einigen Jahren habe ich eine sogenannte Schreibwerkstatt ins Leben gerufen. Wir waren zeitweise acht Personen, die sich dem ausdrucksstarken Schreiben gewidmet haben. Es kamen wirklich ganz wunderbare Geschichten und

Gedichte dabei heraus. Ich hätte diesen Club gerne weitergeführt, aber die Eifersucht und der Neid in dieser kleinen Gruppe führten schließlich zur Aufgabe. Ich sah meinen Part darin, Hilfestellung zu geben und jedem die Freiheit, aus einer Vorgabe etwas anzufertigen. Die Beurteilung sollte neutral sein und Mut gebend, so dass man zum Weitermachen animiert wurde.

Dies klappte leider nicht bei allen. Eine einzige Person brachte es fertig, diese sympathische Gruppe zu sprengen mit ihrer harten Kritik, die absolut nicht angebracht war. Es tat mir leid, dass ich dies nicht verhindern konnte. Wahrscheinlich hätte ich härter durchgreifen müssen. Aber das ist halt gar nicht so mein Ding! Deshalb schreibe ich eben für mich weiter, wie es mir Spaß macht. Viele Gedichte warten noch auf die Veröffentlichung. Sie kommen dran, wenn ich hier fertig bin.

Zu meiner Oma ist ja eigentlich alles gesagt.

Das kleine Mädchen, das damals im Kinderwagen auf der Flucht mit dabei war, ist inzwischen eine Frau von achtundsiebzig Jahren. Wir haben seit einiger Zeit regelmäßigen Kontakt, sie ist ja meine Kusine.

Sie kennt die Oma Pelagia viel besser als ich, da sie ganz in der Nähe von Borna, wo Oma lebte, aufwuchs und auch oft die Ferien bei ihr verbrachte.

Wir wollen uns dieses Jahr treffen. Ich bin gespannt, was sie alles zu erzählen weiß! Etwas hat sie mir schon gesagt: Als ich im Laufe eines Telefonats davon sprach, dass ich ein Nachtmensch bin und meist erst nach Mitternacht schlafen gehe, meinte sie: „Das hast du von der Bornschen Oma!"

Also außer Talent für Handarbeiten und Migräne ein weiteres Erbe, das mich mit meiner geliebten Oma verbindet. Ist doch schön.

22. August 1995

Meine liebe Uta,
der Himmel hat einen weißen, durchsichtigen Schleier über sich gezogen, um sein Blau zu verstecken. Warum? Will er uns vorbereiten auf solche Zeiten, an denen tagelang kein Blau zu sehen sein wird, sondern nur bleischweres Grau? Mir gefällt das nicht, dieses sich-verabschieden, das sich da so peu a peu anbahnt! Ich muss mich erst daran gewöhnen, dass schon in einem Monat alles ganz anders sein wird. Festhalten, ja festklammern müsste man ihn können, diesen Sommer mit all seiner Pracht.
Eben habe ich Gladiolen geschnitten. Normalerweise nehmen wir keine Blumen für die Vase, weil wir meinen, dass sie da, wo sie wachsen, auch am besten wirken. Aber diese schlanken Schönen aus unserem Vorgarten waren umgeknickt. Sie sahen so hilflos aus, als sie am Boden lagen. Da habe ich sie mitgenommen: Zwei weiße, eine gelbe, eine rote und eine violette stehen jetzt in einem großen Krug auf unserem Esstisch. Gladiolen sind meine Lieblinge unter den Sommerblumen. Durch ihren hohen Wuchs kommen sie mir immer so vor, als müssten sie den Garten bewachen. Wir haben dreißig Stück gepflanzt, und so nach und nach erblühen sie. Ja, und Sonnenblumen liebe ich, und Phlox, natürlich Wicken in allen Farben, Steinnelken – eigentlich liebe ich alle Sommerschönheiten, die im Garten und auf der Wiese wachsen und blühen!
Meine Lilli – du erinnerst dich doch an sie? – ist gestorben. Sehr lange hat sie nicht geblüht, vielleicht zwei Tage. Sicher war sie einsam, so ganz alleine unter all den grünen Blättern. Nun hat die Kapuzinerkresse

aus Lillis Kasten zu blühen begonnen, wieder nur eine Blüte. Wenn das so weitergeht und immer nur eine Blüte nach der anderen aufgeht, dürfte ich bis Weihnachten ununterbrochen frische Blumen haben!! Über mir zwitschern zwei Vögel im Duett. Sie werden einen Treffpunkt vereinbaren, von dem aus sie mit tausend anderen Richtung Süden fliegen. Auch so ein Phänomen, wie es die Vögel schaffen, im Frühjahr wieder hierher zurückzukehren! Jetzt zieht sich der Himmel zu. Überall tauchen dunkle Wolken auf. Es waren schon für heute Mittag schwere Gewitter angesagt, wovor wir aber verschont blieben bisher.

Ich werde nachher noch das Teezimmer in Ordnung bringen. In den letzten Tagen sah es ein wenig unordentlich darin aus. Kann nicht schaden, mal wieder Staub zu wischen und ein bisschen umzuräumen.

Das tue ich gerne: umräumen. Auch wenn es nur ein Tisch, ein Stuhl oder auch ein Blumentopf ist, der in eine andere Ecke kommt, alles sieht gleich ganz anders aus. Leider sind meine Möglichkeiten hier etwas begrenzt., da unsere nicht sehr großen Zimmer (unser Haus wurde um 1920 erbaut) fast keinen Spielraum mehr zulassen. Aber im Teezimmer geht vielleicht schon noch was...

Nachdem nun das letzte bisschen Sonne endgültig verschwunden ist und eben der erste Regentropfen auf mein Blatt fiel, will ich für heute enden.

Also Abschied – aber nur bis morgen!
Tschüss dann!
Deine Maria

Herbst

In des Sommers
ausgetretenen Spuren
wandelt der Herbst

Aus Nebelschleiern das Gewand
Den Wind als Begleiter

Mit sonnenwarmem Rücken
und Spinnweben im Haar
in der Hand die Farbpalette
schreitet er in den noch warmen Fußstapfen
seines Vorgängers

Und geht doch eigne Wege

Februar 2023

Nach dieser schönen Beschreibung eines Sommerabends bleibt mir heute nur der Bericht über einen Februarmorgen! Es ist heute der Freitag des Fastnachtswochenendes. Hier in unserer kleinen Stadt feiern die Narren schon seit gestern ihre Wiederauferstehung nach drei Jahren. Solange wurden sie ausgebremst von der Corona-Pandemie. Im Nachhinein ist es kaum vorstellbar, wie diese unser aller Leben eingeschränkt hat für so lange Zeit!

Die Erinnerung an geschlossene Geschäfte und Restaurants, an nicht betretbare Spiel- und Sportplätze und an geschlossene Schulen und Kindergärten sitzt noch tief. Drei kostbare Jahre unserer Lebenszeit gingen ungenützt vorüber! Wobei es immer darauf ankommt, was der Einzelne daraus gemacht hat. Viele sind sicherlich verzweifelt und vereinsamt. Ich gehöre Gott sei Dank nicht dazu. Mich hat die Nadel gerettet – die Häkelnadel. Und jede Menge Wolle. Ich habe gehäkelt, aufgezogen, was Neues begonnen, nochmal geribbelt, solange, bis etwas Schönes entstanden ist. Allerdings bin ich auch etwas abhängig geworden von Facebook, was ich mir gerade wieder abgewöhne. Es stört mich sehr, dass viele Kommentare so voller Hass sind. Da wird wegen einer Lappalie ein Streit vom Zaun gebrochen von Menschen, die sich völlig unbekannt sind. Wer kann das verstehen?

Weiter zur Beschreibung dieses Morgens: Über die Straßen hier sind bunte Stoffstreifen gespannt, die sich flatternd im Wind bewegen. Die Straße, auf die ich blicke und die in zweihundert Metern Entfernung zum Bahnhof führt, ist gerade menschenleer. Bald fahren die nächsten Züge ein. Dann ändert sich das. Am grauen Himmel ziehen schwere dunkle Wolken. Sie werden Regen bringen. Aber an einer Stelle ist ein heller Fleck im Gewölk, der die Sonne dahinter vermuten lässt. Eben fährt der LKW einer Spedition vorbei. Mit was er wohl beladen ist? Ich wünsche dem Fahrer gutes Ankommen. Am Hang, der in den Bahndamm übergeht, liegt jede Menge vertrocknetes Laub der dort stehenden Bäume. Schräg gegenüber schaut gerade ein Mann aus dem Fenster seiner Wohnung. Er raucht. Ich kenne ihn. Es ist Peter. Mit seinem Hund durfte ich bis vor einigen Wochen einmal täglich Gassi gehen. Das hat mir große Freude gemacht. Nun ist Gismo nicht mehr da. Er starb kurz vor Weihnachten im Alter von mehr als sechzehn Jahren an Schwäche. Peter trauert sehr um ihn. Da er alleinstehend ist, war er glücklich, mit Gismo eine Aufgabe und die Verantwortung für ein Lebewesen gehabt zu haben. Vielleicht holt er wieder einen Hund aus dem Tierheim, wenn der Frühling kommt. Das würde auch mir gefallen.

Der heutige Tag erfordert – wie es bis jetzt aussieht – keine großen Anstrengungen meinerseits.

Ich werde mir gleich mein Haferflockenfrühstück zubereiten und dabei die Tageszeitung online lesen.

Danach wird es Zeit, mein Bett frisch zu beziehen und ich meine auch, dass mein Schlafzimmer neue Vorhänge braucht. Zum Glück habe ich etwas Passendes, das ich nur abändern muss. Deshalb wird heute mal wieder die Nähmaschine hervorgeholt.

Ich danke Gott für das Erwachen an diesem Morgen und bin gerüstet für einen weiteren Tag meines Lebens!

23. August 1995

Liebe Uta,

nochmals wird uns ein milder, lauer Abend geschenkt! Im Schein der untergehenden Sonne habe ich meinen Platz eingenommen. Zu meinen Füßen schnurrt Kater Felix mit tiefer Stimme und streicht zärtlich um meine Beine.

Heute habe ich schon wieder Ordnung geschaffen – diesmal in meinem Bügelzimmer im Untergeschoss. Wenn das Wetter nun kühler wird, bin ich mit Nähmaschine und Bügelbrett nicht mehr auf der Terrasse, sondern eben wieder im Haus. Nun habe ich dort begonnen zu sortieren, was sich in den letzten Wochen angesammelt hat an Papieren, einzelnen Socken (die wohl vergebens auf ihren Partner warten), Flickwäsche, Wolle usw.

So ein Arbeitsraum ist schon prima; gut, dass sich darin alles verstauen lässt! Voll Elan habe ich gewütet, dann habe ich unterbrochen, um noch ein Weilchen bei meinem Mann zu sein, der jetzt bereits im Bett ist.

Nun schreibe ich dir, anschließend gehe ich mit Cindy spazieren. Danach werde ich, so wie ich mich kenne, keine Lust mehr zum Aufräumen haben. Ich werde mich an die alte Weisheit halten, dass auch morgen wieder ein Tag ist, der gefüllt werden möchte!

Es geht mir gut. Ich fühle mich sehr wohl, bin immer noch ausgeglichen und einig mit mir und denen, die um mich herum sind.

Noch eine Woche, dann müssen wir schon unsere Koffer packen. Denkst du daran?

In unserer Familie ist am Tag vor unserer Abreise noch

eine Hochzeit, an der wir teilnehmen, und direkt am Sonntag, wenn wir fahren, hat unser Sohn seinen zwanzigsten Geburtstag. Da gibt es für mich schon noch einiges an Vorbereitungen. Mit Grausen denke ich daran, die Kleidungsstücke zusammenzusuchen, die in den Koffer müssen! Früher hat mir das nie etwas ausgemacht, da habe ich den Koffer ein paar Stunden vor der Abfahrt gepackt und gut war! Aber nun wird meine Abneigung dagegen immer größer.

Ich nehme auch immer viel zu viel mit; denke, dies und jenes unbedingt zu brauchen und dann ziehe ich es doch nicht an. So geht es mir fast immer. Bin gespannt, ob ich es dieses Mal besser mache und wirklich nur das Notwendigste mitnehme. Naja, schau'n wir mal...

Ich werde diesen Brief heute nicht ausufern lassen, sondern jetzt zum Schluss kommen, weil Cindy auf den Spaziergang wartet. Morgen wird mir schon wieder etwas einfallen, mit dem ich dich unterhalten kann! Schlaf gut! Deine Maria

Illusionen

Er sieht die Sonne
und meint, es ist warm

Er sieht Kinder
und denkt, das ist die Zukunft

Er sieht einen Baum
und redet von Wäldern

Er geht über Getreidefelder
und meint Brot zu riechen

Er spricht von Verteidigung
und sieht Waffen vor sich

Er hat Geld
und glaubt, er wäre reich

Er hört Glockengeläut
und hofft auf Frieden

Dann fällt sein Blick auf mich
und sein Lächeln sagt:
Mein Eigentum!

Illusion ...
Wie Glocken gleich Frieden

Februar 2023

Eines ist sicher: Ich freue mich auf den Sommer! Zuerst auf den Frühling, der schon allerorten auf seinen Start wartet! Es ist gerade das Fastnachtswochenende, an dem nach altem Brauch der Winter vertrieben wird. Ob es hilft? Vor allem, weil wir keinen Winter in diesem Sinne hatten...

Ein paar Tage lang lag Schnee auf den Schwarzwaldhöhen, im Tal kam er nie richtig an. Frostige Nächte gab es erst ab Mitte Januar, auch untertags kalten Wind. Aber generell war es gut zum Aushalten. Was mich dieses Jahr sehr gestört hat, war die Dunkelheit. Oftmals war nach acht Uhr morgens NOCH dunkel, ab siebzehn Uhr SCHON WIEDER. Das wird wohl jedes Jahr so gewesen sein, aber heuer fiel es mir direkt auf. Doch nun ist auch dies behoben – es ist nun um halb sechs Uhr abends noch gut hell. Alle Zeichen deuten also darauf hin, dass es auch dieses Jahr wieder Frühling wird!

Wie sagt ein Spruch so schlau? „Frühling kommt immer dann, wenn man ihn am nötigsten braucht!"

Ich meine mich zu erinnern, dass mit der Hochzeit, von der ich Uta schrieb, alles gut lief. Das damals getraute Ehepaar ist noch immer beisammen und hat zwei bereits erwachsene Kinder.

Wir konnten also unsere Reise gut beginnen. Auf der Hinfahrt verbrachten wir eine Nacht in Assisi. Später hat mir Uta erzählt, dass ich ihr dort mein Herz ausgeschüttet habe über meine verkorkste Ehe und dass ich es mit meinem Mann nicht mehr länger aushalten würde. Sonderbar, diese Begebenheit ist in meinem Kopf vollständig gelöscht! In Rom waren wir in einem Frauenkloster untergebracht, nicht weit entfernt vom Vatikan. Jeden Morgen fuhren wir von dort aus mit dem Bus ins Zentrum. Und jeden Morgen mussten wir auf Uta warten, die generell als letzte einstieg! Einmal musste sie dem Bus sogar noch hinterherrennen.

Ich entsinne mich, dass mich eine Eigenschaft von ihr unheimlich genervt hat: Kaum saßen wir irgendwo, fing sie an, in ihrer Tasche zu kramen; alles raus, dann wieder rein, nach einer Weile das gleiche von vorn. Aber alles in allem erlebten wir eine schöne Zeit, es war ja nur eine einwöchige Reise.

Allerdings wurde Uta gleich in den ersten Tagen beim Gruppenfoto vor der Lateran-Basilika der Geldbeutel mit dem Personalausweis aus der Handtasche gestohlen. Wer geht aber auch mit einem Minihandtäschchen an goldener Kette durch Rom anstatt einen Rucksack zu nehmen? Das machte nur Uta, der ihr äußeres Erscheinungsbild sehr, sehr wichtig war. Und dazu passte nun mal kein Rucksack.

Auf der Heimfahrt verbrachten wir noch eine Nacht in einem Hotel am Gardasee. Dort kaufte ich mir auf dem Markt einen Strohhut.

Es war sehr erlebnisreich, vor allem die ganz intensiven Gespräche zwischen uns beiden. Ich vermisse diese sehr. Immer noch.

Dennoch ist es mittlerweile so, dass ich am allerliebsten alleine verreise. Vielleicht kommt dies durch meine vielen Reisen nach und in Uganda, vielleicht bin ich auch etwas eigenbrötlerisch geworden, ich weiß es nicht.

Auf jeden Fall mag ich aus dem Grund alleine sein, dass ich genau das tun kann, was ich möchte! Ich habe die Erfahrung gemacht – selbst mit der besten Freundin – dass ich eigentlich immer zu kurz komme mit meinen Bedürfnissen. Ich kann mich nicht durchsetzen. Es ging da meist um solche Sachen wie ein Mittagsschläfchen zu halten, was aber die Begleiterin fast als Todsünde ansah. Oder in ein Museum zu gehen. Auch das macht man nicht, wenn man irgendwo in einer anderen Stadt ist, so sagte jedenfalls eine andere Freundin, weil das Wetter viel zu schön ist, um irgendwo drinnen zu sein.

Immerhin habe ich schon einmal meinen ganzen Mut zusammengenommen und vorgeschlagen, dass wir getrennte Wege gehen und uns wieder dann irgendwo treffen. Auch das war nicht gewünscht.

Die Freundin, mit der ich zuletzt im vergangenen Jahr unterwegs war, meinte sogar, dass sie lieber gar nicht verreisen würde als alleine! Das kann ich wiederum nicht verstehen. Ich war vor ein paar Jahren ein paar Tage alleine in Bad Reichenhall und hab dort eine wunderschöne Zeit verlebt.

Alleine zu verreisen, selbst zu bestimmen, wann ich frühstücken will oder wann ich schlafen gehen möchte – das sind alles Dinge, die einen Urlaub erst schön machen. Immer und immer nur nachgeben mag ich einfach nicht mehr. Ich bin alt genug, um alleine unterwegs zu sein. Meine Erinnerungen muss ich auch nicht unbedingt austauschen (obwohl das auch sehr schön sein kann). Ich weiß ja, was ich erlebt habe und behalte dies so in meinem Gedächtnis.

Sagen möchte ich mit diesem Abschnitt eigentlich nur, dass ich zu feige und nicht forsch genug bin, meine Interessen gegenüber anderen anzumelden!

Und das werde ich wohl auch nicht mehr lernen!
Eine Anmerkung habe ich noch zum vorherigen Brief.
Es geht um das Kofferpacken, um das Mitnehmen von
zu viel Gepäck. Da kann ich Änderung verkünden!

Ich war letztes Jahr von Montag bis Freitag in Lourdes
und hatte nur einen Rucksack dabei! Eine Hose an,
zwei als Ersatz, 4 Shirts und Blusen – fertig! Ich habe
mich heimlich lustig gemacht über die Riesenkoffer,
die manch einer anschleppte und dachte: mein Gott,
es sind doch nur vier Tage!
Ja, so ändern sich die Zeiten. Ich hoffe, ich kann noch
etwas minimalistischer werden in dieser
Angelegenheit.
Gerade fällt mir auf, dass ich diese Zeilen am 18.
Februar schreibe. Heute vor sechsundsiebzig Jahren ist
Uta geboren. Happy birthday in heaven!!!

27. August 1995

Liebste Uta,

es ist gerade kurz nach neun Uhr abends, draußen bereits stockdunkel. Weder Mond noch Sterne stehen am Himmel, und wenn ich aufs Barometer schaue, graust es mir: nur noch vierzehn Grad! Eben kam der Wetterbericht. Die sprachen davon, dass die Schneegrenze bei eintausendvierhundert Metern liegt! Was soll man dazu sagen? Nach fast zwei Monaten ununterbrochener Sommerhitze nun dieser plötzliche Wetterumsturz! Es soll erst am Donnerstag langsam wieder etwas besser werden.

Ich hab's geahnt, dass da was nicht stimmt, als ich kalte Füße bekam! Nun trage ich die von Schwiegermutter selbst gestrickten Socken und denke mit Schrecken daran, dass nun bald wieder die Zeit der Strumpfhosen kommt. Brr, das mag ich schon gar nicht! Nach langen Monaten, in denen sich meine Beine samt Füßen so frei bewegen durften wie sie wollten, ohne jeglichen Zwang, soll ich sie wieder einsperren??? Naja, es war voraus zu sehen, dass der Herbst auch heuer wieder irgendwann kommt. Ein Grund mehr, die noch verbleibenden Sommer-Sonnentage so richtig zu genießen!

Genuss – genießen, das ist auch so etwas, das ich Gott sei Dank wieder gelernt habe. Es ist so viel, was ich genieße, nur beim Essen klappt das nicht so richtig. Ich lege keinen allzu großen Wert auf opulentes, feines Essen; es ist ja eigentlich nur Nahrungsaufnahme. Wie manche Leute ins Schwärmen geraten über ein Festmenü mit sechs, sieben Gängen bei XYZ, ist mir schleierhaft. Quark und Pellkartoffeln oder Mamas

Hefeklößen gebe ich da den absoluten Vorrang. Aber das hängt bestimmt mit den tausend Diäten zusammen, die ich (leider) in meinem Leben schon gemacht habe. Da will man eigentlich nur den Bauch voll haben, um das Hungergefühl zu überdecken. Dabei geht die wahre Lust am Essen verloren. Das ist leider so. Ich kann es wohl nicht mehr ändern bei mir. Aber es gibt tausend andere Dinge, die ich voll genießen kann, z. B. die Natur, ein Buch, Musik. Ich genieße meine Zeit mit mir selbst, ein heißes, duftendes Bad, ein Glas Rotwein, meinen Mann... ja, auch ihn genieße ich ausgiebig! Die Lust und die Liebe – oder die Lust an der Liebe? – sind doch etwas Schönes. Und so, wie man genussvoll ein Stück Torte Bissen für Bissen auf der Zunge zergehen lässt, um den Geschmack voll auszukosten, so sollte man wohl auch mit dem Partner umgehen, wenn es um die Liebe in des Wortes wahrer Bedeutung geht!

Auch hier hat sich im Lauf der Jahre (sprich: Ehejahre) einiges verändert. Vom stürmischen fast-Zuviel der ersten gemeinsamen Zeit ist nun mittlerweile ein gemäßigtes noch-oft-genug geworden, noch weit entfernt vom ab und zu.

Du wirst mir recht geben, liebe Uta, dass wir zwei Frauen in dieser Beziehung wahrlich zu Feinschmeckerinnen werden konnten in all den Jahren!

Spannender wäre es gewiss auch mal mit einem anderen Mann. Aber der Vorteil, den eigenen Partner so gut zu kennen und stillschweigend auf ihn eingehen zu können, hebt den Reiz des Neuen und ja auch Verbotenen sicherlich auf! Obwohl ... ich weiß nicht so recht...

Man geht schon gelöster an die ganze Sache ran, findest du nicht? Das miteinander schlafen ist wichtig und bestenfalls sehr schön, steht aber nicht mehr so im Mittelpunkt und unter dem starken Druck der frühen Jahre. Sagt man auch hier wohl Qualität vor Quantität???

Gerne würde ich deine Gedanken zum Thema meines heutigen Briefes hören. Bestimmt haben wir während unserer Reise Gelegenheit, uns auch hierüber zu unterhalten.

Heute in einer Woche, wenn alles so kommt, wie wir es uns wünschen und vorstellen, werden wir im Hotel Roma in Assisi sein... Langsam bekomme ich Reisefieber!

Deine Maria

PS: Nun genieße ich noch einen alten Ingrid-Bergmann-Film in schwarz-weiß: „Lieben Sie Brahms?"

Jahreszeiten

Wir liebten uns einst
unter blühenden Bäumen
am duftenden Frühlingsabend
Begleitet vom Gesang der Nachtigall
die unsere Lust auf ihren Flügeln
in den sternglänzenden Himmel trug
Voll unendlicher Hoffnung war unser Leben

Du liebtest mich
im heißen Sand sommertags unter Pinien
Eingehüllt in das Rauschen des Meeres
Gewiegt von seinem ungebrochenen Rhythmus
bis seine Wellen unser Sein auslöschten
Voll unendlicher Kraft war unser Leben

Liebe mich
im bunten Wald
am warmen Herbsttag
Zugedeckt von raschelndem Laub
Um uns das Tosen des Windes
der unsere Leidenschaft mit sich nimmt
ins verschwommene Himmelsblau
Voll unendlicher Liebe ist unser Leben

Einmal werden wir uns lieben
wintertags auf kaltem Boden
unter den kahlen Zweigen des Ahornbaums
Das Krächzen der hungrigen Krähen ringsum
wird unser Schluchzen übertönen
Und voll unendlicher Dankbarkeit
wird unser Leben sein

März 2023

Barfuß laufe ich immer noch gern, aber nicht mehr vor März/April und auch nicht bis in den Oktober hinein. Meine Füße haben die grenzenlose Freiheit in Uganda kennengelernt, das war super! Aber da hier andere Temperaturen herrschen, mussten sie sich leider umgewöhnen.

Genießen – o ja, das tue ich! Nicht nur meine Freiheit, die mir so viele Möglichkeiten gibt, mich zu entfalten, sondern auch wieder das Essen. Zwar auf ganz andere Art als bisher, aber umso genussvoller.

Angefangen hat es mit einer Gallenkolik Ende August, die mich für eine Nacht ins Krankenhaus brachte. Diagnose: Gallensteine, die man baldigst operieren müsste. So hieß es.

Da hat sich bei mir plötzlich ein Schalter umgelegt. Ich wollte und will noch immer diese Operation vermeiden, weil ich ein Angsthase bin. Deshalb habe ich mich kundig gemacht, was eine Galle denn so mag und was nicht.

Ohne großes Überlegen, quasi über Nacht, habe ich meine Ernährung umgestellt. Ich esse keine tierischen Fette, kein Fleisch, keine Wurst, keinen Käse, keine Eier, kein Gebäck, keine Süßigkeiten und ich trinke keinen Kaffee. Morgens gibt's Haferflocken mit Joghurt und Obst. Gegen Abend koche ich mir dann etwas Gutes und verwende viel Zeit dafür. Durch die mir selbst auferlegten Beschränkungen muss ich mich sehr viel mehr mit den Lebensmitteln beschäftigen als vorher.

Das macht mir unheimlich viel Spaß und ich entdecke sehr viel Neues, Gutes. Von den „aussortierten" Lebensmitteln fehlt mir absolut nichts.

Nach einiger Zeit merkte ich, dass meine Hosen besser saßen. Dinge, die ganz hinten in meinem Schrank lagen und die ich zum Teil noch nie trug, passten plötzlich. Ich habe ja große Angst vor der Waage und deshalb auch keine in meinem Besitz, aber ich merkte dennoch, dass ich stetig abnahm.

Ein paar Wochen später wurde ich sogar darauf angesprochen, was mich freute. Meine Hosen wurden nicht nur weiter, sondern auch länger. Das wunderte mich. Bis ich auch hinter dieses Rätsel kam... Da merkte ich, dass es mir genau so geht wie damals in Uganda: Die richtige Nahrung lässt abnehmen. Ich will niemanden belehren, so zu essen wie ich es tue, aber mir tut es wirklich gut. Inzwischen sind es fast drei Kleidergrößen, die ich schmaler bin. Und das alles ohne Hunger und Anstrengung, nur mit meiner Galle als Aufpasser! Ich freue mich darüber. Wenn es im Leben schon nicht dazu gereicht hat, gehe ich wenigstens schlank in die Urne... und dazu mit sehr faltigem Hals, was weniger schön ist! Fühle mich sehr mit einer Truthenne verwandt!

O je, das Kapitel mit dem Sex – nun komme ich an meine Grenzen!

Ich hatte ja, wie bereits erzählt, das Glück, nochmals eine große Liebe zu finden in Afrika. Natürlich gehörte dazu auch das Sexuelle, das ich sehr genoss und das sich auch total richtig anfühlte. Nach dem Tod meines Partners, zurück in Deutschland, habe ich auch Partnerbörsen im Netz besucht, mich auch ab und zu verabredet, aber letztendlich habe ich diese Geschichten immer nach relativ kurzer Zeit beendet, weil mir einfach etwas fehlte und weil bei dieser Art des Kennenlernens doch alles ziemlich niveaulos ist und meistens nur auf Sex ausgerichtet. Wie neulich bei Facebook. Da gibt es eine Gruppe, die heißt so ähnlich wie „Portal für alle über 50. Teilen Sie Ihr Hobby, finden Sie Leute aus Ihrer Umgebung usw." Neugierig wie ich bin, trat ich da bei in der Hoffnung, vielleicht einen Schreibzirkel oder Handarbeitstreff oder etwas Ähnliches finden zu können. Keine fünf Minuten später kam schon die erste Anfrage, ob ich an Sex interessiert wäre. Nach etwa einer Stunde hatte ich ungelogen mehr als fünf „potentielle Sexpartner" auf meiner Liste! Natürlich alles Männer in etwa meinem Alter. So schnell ich beigetreten bin, war ich auch wieder raus aus dieser Gruppe. Meine Frage: Möchten diese Männer wirklich Sex oder reden sie nur davon, weil es nicht mehr so richtig klappt bei ihnen? Es kann doch nicht sein, dass man in diesem Alter immer noch nur daran denkt. Diese Leute wissen nicht, was ihnen an interessanten Menschen verborgen bleibt. Ich finde es einfach abstoßend.

Irgendwann habe ich die Suche aufgegeben und fühle mich – wie hier schon oft betont – alleine äußerst wohl.

Ich habe meine Eigenheiten entwickelt, ein potentieller Partner hätte das ebenso – das Miteinander wäre sicher nicht einfach.

Manchmal denke ich, dass ich in meinem Leben doch alles hatte: Ich war X-mal verliebt, verheiratet, bin Mutter geworden, habe ein großes Stück von der Welt gesehen, durfte gesund alt werden – und darum sage ich dankbar und auch demütig: Es ist gut, wie es war und wie es ist!

Ganz leise füge ich dann hinzu: Möge es noch eine Weile so bleiben!

31. August 1995 - The last letter

Liebste, beste Freundin,
er sollte schon sehr viel stilvoller sein, der heutige Abend! Auf der Terrasse wollte ich sitzen, um mich ein laues Lüftchen, neben mir ein Glas Bordeaux. In solcher Umgebung wollte ich diesen letzten Brief an dich schreiben, denn wenn du auf das Datum schaust, weißt du, dass unser Tag gekommen ist.
Sommerbriefe, geschrieben in den zwei Monaten des Hochsommers, so nahm ich es mir vor. Briefe, die mit dem Sommer enden. Nun war der Sommer der erste, der sich davonstahl und mich mit meinem weißen Schreibpapier zurückließ.
Nicht mal die Terrassentür kann ich öffnen. Gerade mal sieben Grad hat es, untertags kletterte das Barometer auf heiße zwölf Grad. Feldberg und Zugspitze melden den ersten Schnee, unsere Heizung läuft seit zwei Tagen. Uta, das war's, es ist vorbei!
So sitze ich eben wieder im Teezimmer wie so manches Mal. Das Bügelbrett steht neben mir. Auf dem kleinen Sofa in der Ecke stapeln sich Unterwäsche und T-Shirts, bereit, in den Koffer gesteckt zu werden und mit nach Rom zu reisen.

Es ist alles so nüchtern plötzlich, mir ist direkt wehmütig zumute. Dabei trenne ich mich ja gar nicht von dir. Im Gegenteil: Wir werden eine ganze Woche Tag und Nacht zusammen sein!

Und doch ist es Trennung, Abschied. Ein Stückchen unseres Lebens geht hiermit zu Ende. Meine Briefe sind geschrieben. Es ist gesagt, was ich mir zu sagen vorgenommen habe. Mir werden meine schönen

177

Schreibabende fehlen, das weiß ich jetzt schon. Ob ich mich gleich an etwas Neues wage? Das weiß ich noch nicht.

„Bon jour Tristesse", ein Roman von Francoise Sagan aus den sechziger Jahren. Guten Tag, Traurigkeit. Es ist kein Grund, in Melancholie zu fallen, es ist noch alles so, wie es vor zwei oder drei Wochen war. Nichts Schlimmes ist geschehen. Es geht mir gut. Ich habe keine Probleme – und dennoch, dennoch... Mir ist etwas weh ums Herz. Die letzten zwei Monate waren eine schöne Zeit. Mit dir zu reden, mich selbst besser kennen zu lernen – für mich eine sehr gute Lebenserfahrung. Und für dich? Nur Unterhaltung? Hirngespinste? Träume? Du kannst manchmal so prosaisch sein...

Ich wünsche mir, dass auch du mich etwas besser kennengelernt hast durch diese Briefe, die uns einen langen, schönen Sommer begleitet haben. Manchmal stand ich ja schon etwas entblößt vor dir. Aber nur, wenn der Schleier fällt, sehen wir, was darunter ist.

Hab Dank für deine Geduld. Verzeih, wenn ich dich vielleicht das eine oder andere Mal etwas rau angefasst habe. Bewahre mir weiterhin deine Freundschaft.

In dieser Idylle, die eine sein sollte, aber keine mehr ist, nehme ich das einzige, das sich heute realisieren lässt, zur Hand – es ist ein Glas mit einem ordentlichen Schluck Bordeaux aus dem Hause Rothschild. Ich hebe es, proste dir in Gedanken zu und trinke auf zwei Frauen, die mitten im Leben stehen, voll Selbstbewusstsein, die ihre Stärken und aber auch

Schwächen erkannt haben und daran arbeiten (oder auch nicht).

Ich trinke auf unsere Freundschaft, die uns noch lange erhalten bleiben möge. Ich trinke auf die Liebe, die alles umfasst und auch uns verbindet.

In diesem Sinne: Zum Wohlsein, meine liebste Uta!
Heute und immer bin ich
Deine Maria

*PS: Du sollst heute noch ein post scriptum bekommen. Es ist ein Sprichwort aus Afrika, das sagt: **Kein Weg ist zu lang mit einem Freund an der Seite!***

PPS: Und jetzt kommt mein Gedicht über das leise Erahnen des Herbstes. Auf dieses Gedicht bin ich unheimlich stolz, ich denke, dass es eines meiner besten in gereimter Form ist. Gerade beim Abschreiben habe ich mich wieder daran erinnert, wie es praktisch aus mir herausgeströmt ist mit seinem wunderbaren, nicht einfachen Rhythmus.

Es ist mein Geschenk an dich zum Abschluss unseres Weges durch diesen Sommer, der so unheimlich schön war! Was auch immer der Herbst bringen mag – den vergangenen Sommer haben wir fest gespeichert in all unseren Organen!

Leises Ahnen

Bist du es, Herbst?

... Der morgens früh im Dunkel
mit Tau bedeckt die durstigen Wiesen
und Nebel webt im Sterngefunkel,
der das Mondlicht lässt zerfließen?
Der Halm um Halm mit Silberfäden dicht bespannt?
Der Früchte reifen lässt, wo gestern Blüten waren,
und der mit unsichtbarer Hand
dirigiert die flugbereiten Vogelscharen?

Bist du es schon?

Noch ist nicht deine Zeit:

... wo doch die Sonne hoch am Himmel steht,
vieltausend Blüten duftend sich verströmen,
kein Windhauch kühlend uns umweht,
und wo wir keinen Laut vernehmen,
selbst Vögel in der Mittagsglut verstummen,
nur die Libelle übers Wasser sich bewegt
und Bienen zu den prallen Knospen summen,
wo Schläfrigkeit sich über alles legt ...

Du bist noch fern!

Bist du es, Herbst?

... der viel zu früh der Dämmerung weiches Tuch
ausbreitet über das erhitze Land
und duldet keinen Widerspruch?
Der ins Dunkel einen hellen Abend bannt
und einen leisen Hauch von Kühle
mehr spüren als nur ahnen lässt,
vertreibt des Sommertages Schwüle
mit feuchtem Nebel im Geäst

Bist du es schon?

Noch ist nicht deine Zeit:

... ist doch der Sternenhimmel nah wie nie,
hört das Konzert der Grillen spät erst auf.
Erst nachts verstummt die kleine Melodie.
Sternschnuppen nehmen eilend ihren Lauf.
Man kann noch gut auf warmen Steinen sitzen,
aufschauen zu des Himmels großer Pracht,
wo abertausende von Sternen blitzen –
und träumen in die laue Sommernacht!

Du bist noch fern!

März 2023

Ja, meine Sommerbriefe von damals gehen hiermit zu Ende und somit auch meine Betrachtungen zu ihnen aus heutiger Sicht.

Ich habe inzwischen mehrfach Abschied genommen und nehmen müssen, nicht nur von Menschen, die mir nahestanden, sondern auch von liebgewordenen Ritualen; von Dingen, die mir früher leichtfielen und heute schwerfallen, Aber so ist halt das Leben.

So wie mir das Schreiben der Briefe damals Spaß gemacht hat, so groß war das Vergnügen, meine Anmerkungen dazu zu schreiben.

Alles hat sich verändert in dieser langen Zeit – die Schreiberin auch? Äußerlich bestimmt, innerlich natürlich auch. Ja, ich denke, dass ich mir treu geblieben bin. Darauf bin ich stolz. Aber die Frau, die ich damals war, schaut mich noch sehr oft im Spiegel an und blinzelt mir zu.

Manchmal ruft sie auch ermahnend: Maria, was machst du da? Oder sie warnt mich davor, etwas Unüberlegtes zu tun, von dem es noch genug gibt in meinem Leben.

Aber ich bin froh, dass sie da ist und mein Alleinsein erträglich macht, indem sie mir manchmal zuraunt „Weißt du noch, als…"

So nehme ich sie als treue Gefährtin mit durch meine Tage und die Jahre, die mir noch vergönnt sind.

Natürlich weiß ich, dass der Horizont immer näher kommt. Oder, wie mein Sohn zu sagen pflegt: Zeit, sich rechts einzuordnen…

Vorerst fahre ich aber noch geradeaus.

Freundschaft ist wie eine Spur, die im Sand verwischt, wenn man sie nicht beständig erneuert (Aus Afrika)

16. Januar 2012

Abschiedsbrief

Zu wem kann ich nun gehen, wenn ich mich einsam fühle?
Wer versteht mich so gut wie du?
Wer nimmt mich in die Arme und hält mich?
Wie komme ich ohne dich zurecht?
Warum bist du gestern gegangen?
Warum habe ich es nicht gespürt, als es passierte?

So viele Worte, die mit W beginnen ...

Es ging dir doch vorgestern, als ich bei dir war, nicht schlechter als sonst.
Du bist einfach gestorben, ganz alleine, ohne dass jemand bei dir war. Ich verstehe es nicht, aber ich denke, dass du es genauso wolltest.

Liebste, beste, unvergessliche Freundin, ich weine um dich mit allen Tränen, die ich habe. Ich trauere um das Mädchen, als das ich dich kennen lernte. Ich vermisse die Frau, die mein Leben so reich gemacht hat.
Ich danke dir für jeden Moment, den du für mich da warst. Für dein Interesse an meinem Leben, für deine Großzügigkeit, dein Verständnis, deine Toleranz.

Ich werde dich in meinem Herzen haben für alle Zeit.

Hast du nun deinen Frieden gefunden? Ich wünsche es dir so sehr! Und ich bin sicher, dass Gott dich empfangen hat in jenem Land hinterm Horizont, weil du sein Kind warst, weil er dich geliebt hat - ob du es wolltest oder nicht.

Ich hoffe, du bist nun frei, ohne Gebrechen, ohne Angst vor morgen.
Ich wünsche dir diese Freiheit, meine liebe Uta, ich wünsche dir einen ganz tollen Platz im Himmel, denn dort bist du sicher und brauchst dich nicht mehr zu sorgen.

Nie geht mir das Bild aus den Augen, als ich vorgestern bei dir den langen Flur entlang ging zum Ausgang. Du standst an deiner Wohnungstür, sahst mir nach und als ich fast um die Ecke war, riefst du: Pass gut auf dich auf, Maria!

Fast fünfzig Jahre warst du bei mir, nun muss ich ohne dich weitergehen. Aber wir treffen uns bestimmt wieder. Und dann ist es für ewig!

Darauf freut sich heute schon
deine Maria

Epilog

Ich kann nicht behaupten, dass ich ohne Angst meinen fünfundsiebzigsten Geburtstag erwartete. Es ist eben einfach der Gedanke da: wie lange wohl noch? Ich glaube, das macht uns etwas bang.

Als dann der Tag da war, erlebt inmitten meiner Kinder, Schwiegerkinder und Enkel, getragen von deren Liebe und Zuneigung, sah dann alles anders aus.

Direkt noch am Abend des neunzehnten Junis entstand ein Bild vor meinen Augen, das mir alle Angst vor dem, was wohl noch kommt, wegnahm und mich nur noch neugierig sein lässt.

Es war so, als läge vor mir eine große Ebene, weit und offen bis zum Horizont. Diese Ebene ist (noch) leer. Aber ich weiß, dass ich sie ausfüllen kann – wenn ich möchte.

Ich kann auf bereits begangenen Wegen gehen oder neue suchen. Ich darf alleine unterwegs sein oder mit vertrauten Menschen. Ich kann neue Leute kennenlernen und alte Freunde loslassen. Ich darf lachen, tanzen oder traurig sein.

Ich kann mich zurückziehen, wann immer ich will oder auch im Mittelpunkt stehen, wenn mir danach ist.

Ich darf alles tun, was ich möchte, ohne mich anbiedern zu müssen; ohne Verpflichtungen sein oder mir neue suchen. Die Liste wäre noch lang und lässt sich doch in ein Wort fassen: Freiheit!

Wirkliche, grenzenlose Freiheit nach einem Leben, das Anforderungen stellte, das bewältigt werden musste, das manchmal auch Kampf war.

Nun ist meine Belohnung die absolute innere Freiheit.

Und etwas ist mir in den letzten Tagen ganz klargeworden: Ende des Jahres werde ich nochmals nach Uganda fliegen. Dieses letzte Mal muss sein, um Abschied zu nehmen. Meine Reise in 2016 beendete ich dort mit der (falschen) Gewissheit, dass ich ein Jahr später wiederkommen würde. Das war nicht so. Aus einem Jahr wurden zwei, dann kam Corona, dann kam eine gewisse Angst, dann dachte ich: naja, muss ja auch nicht sein – doch nun steht glasklar vor mir: Wenn ich gesund bleibe dieses Jahr, werde ich um Weihnachten herum nochmals fliegen!

Ich werde doch wieder Emirates wählen, weil ich Dubai nochmals sehen möchte im Landeanflug. Und den tollen Flughafen. Ich habe sogar schon nach Flügen geschaut und nach den Bedingungen fürs Visum. In mir herrscht Aufbruchsstimmung wie lange nicht mehr! Ja, ich wage es nochmal.

Für diese Zeit, in der ich gerade lebe, gelten nur noch zwei Bedingungen.

Die erste heißt: nicht rückwärtsgehen
Die zweite: warten.

Warten was geschieht. Wann es geschieht.

Nach fünfundsiebzig Lebensjahren kommt keineswegs ein Punkt, höchstens ein Doppelpunkt.

Leben und warten
Warten und leben
Das ist alles.
Ich. Bin. Lebendig.
Ich. Feiere. Das. Leben.
ICH. LEBE.

Danke an
Birgit und Torsten Weiler
für Lektorat, Einbandgestaltung
und weitere technische
Unterstützung!